尚友ブックレット23

松本剛吉自伝『夢の跡』

尚友倶楽部
季武　嘉也
編集

芙蓉書房出版

刊行のことば

新しい憲法の下で、帝国議会は国会となり、貴族院は参議院へ引き継がれた。尚友倶楽部は、明治以来、貴族院の選出団体として重要な役割を果たしてきたが、戦後は、純公益法人として、日本文化の国際的理解に役立つと思われる、公益事業や、学術団体、社会福祉、などへの援助を中心に活動をつづけている。

近現代史に関連する資料の公刊もその一環である。昭和四十六年刊行の『貴族院の会派研究会史・附尚友倶楽部の歩み』を第一号として、平成二年までには十二冊の「尚友報告書」を発表した。平成三年刊行の『青票白票』を第一号とする「尚友叢書」は、平成二十三年には三十冊となり、近現代史の学界に大きく寄与している。

一方「尚友ブックレット」は、第一号『日清講和半年後におけるドイツ記者の日本の三大臣訪問記』を、平成六年に非売品として刊行し、以後二十二冊を刊行し今日に至っている。「尚友ブックレット」は、原文書のみならず関連資料も翻刻刊行してきているが、未公開の貴重な資料も含まれており、一般の方々からも購入の要望が多く寄せられてきている。

こうした現状に鑑み、今後は一般にも入手できるような体制を整えて進めていく事とした。

今後も、研究等に、有効に、より広く用いて頂き、近現代史の学術研究に大きく役立つことを願っている。

二〇一一二年九月

社団法人　尚友倶楽部
理事長　醍醐　忠久

夢の跡

黄樹庵主閑談

黃樹庵主近像

明治三十七年始メテ代議士ト
ナリシ時ノ庵主　歳四十三

夢の跡
夢の跡

松本剛吉自伝『夢の跡』●目次

凡例

一、本書は、松本家に遺された『夢の跡』（非売品）を復刻したものである。原本の表紙、写真、序、目次、本文、跋、奥書という構成をそのまま踏襲するとともに、文章も出来る限り原文に近い形とした。

二、漢字は、常用漢字を使用した。

三、仮名は原文の通りとし、濁点も原則としてそのままとした。

四、句読点は、適宜修正を施した。

五、原本で欠字の箇所は□で示した。

六、明白な誤字は傍注し、場合によっては〔ママ〕を付した。

七、「後藤象二郎」は原文では一貫して「後藤象次郎」と記されているので、初出のみ傍注して正した。

序

予の松本先生と相識れる未だ必ずしも古しと謂ふべからず。然かも先生が後進を扶掖指導するの途に至つては至誠悃篤、己を棄て、其進路を拓くに日も啻ならずの概あり。真に超世の師道を全ふするものと言ふ可きかな。大正九年予の不敏を以て郷閭より推されて議政の府に代議士となり、大正十三年、幸にして再選の栄を担ひし所以のもの、皆悉く挙げて先生の賜たらざるはあらざる也。先生が不敏予に対する猶ほ且つ然り、有為の材にして先生の扶掖を受け、而して公私に馳駆して邦家に用を為せるもの、今誠に指を屈するに遑あらず。先生居常君国の事を憂へて東奔西走し斯て一身を顧みず。而かも其至誠朝野の見る所となり、其門前常に訪客の市を為す、是れ皆先生の徳を敬慕するが為めなるのみ。予平生先生に親灸し、其高風の益慕ふべきを感ずると共に、先生をして今日あらしめたる過去の辛酸が真に味ふべく、又宜しく後進の学ぶべきものたるを銘するや久し。乃ち先生に乞ひて其許諾を得、速記者を拉して先生の旧事を録す。録する処は先生か閑談漫語に類すると雖も、不粧不飾の間、片言零語にして猶ほ千仞の深所より来る如きあり。又座臥行動の細事にして能く人生の至深に接触するものあり。難を畏れず艱に屈せず、士人の勁節を持して邁往直前し、利を斥けて正を執るの気魄に至つては、真に常世浮薄の士女をして慚愧反省せしむるに足るものあり。予の先生に乞ひて此談話を筆記せしの目的は即ち以て足れりとすべき也。予一本を副写して後世に伝へんとするは、必ずしも予が先生の徳を欽慕するが為めのみにあらずして、子孫後毘の訓話とせんが為め也。

後学　石井三郎識

大正十三年八月

夢の跡

目　次

田氏埼玉県へ左遷せしめらる
来島恒喜の爆弾の行衛を探知す
後藤伯に知らる、次で田氏と共に逓信省に入る
選挙大干渉にたづさわる
後藤伯相場と鉱山を勧めらる、事業に手を出し失敗す
辞職後の窮状
意を決して朝鮮に渡る
神奈川埋立地を計画す
逓信大臣秘書官となる、星亨氏別邸にて始めて横田千之助氏と会す
始めて弐万円を握る
政友会内閣成り、自分は農相秘書官となる
星氏、田氏を代議士に推さる
田氏代議士となつて大波瀾を捲起す所謂浜の家事件
板垣伯及林有造氏の旨を受けて新自由党を計画す
田氏三度逓信次官となる
始めて代議士となる
実業界に入る（徴兵保険を盛立つ）
大浦氏の信義に感ず、田氏勅選議員となる

東鉄の重役となる、遂に電車市有を成就す
酷烈極なる選挙大干渉を蒙る
特赦の天恩に感泣す、松本と改姓す
干渉余談、予審判事の懺悔
執拗なる干渉のたゝり、窮迫の底に陥る
不馴の銀行整理に手を焼く
田氏入閣、三度秘書官となる
原内閣、田氏台湾総督、四度目の秘書官

夢の跡

黄樹庵主閑談

生立と郷閭

自分は文久二年戌《いぬ》年八月八日丹波国柏原《かいばら》藩今井源左衛門の五男として生れ、後叔父に当る松本十兵衛と云ふ人に貰はれて其養子となつた。養父は当時剛吉と称して居たが自分が十歳の時、十兵衛と改名し自分は袴着をして父の名剛吉を襲名して松元剛吉と称することゝなつた（後又松本と改姓す）。今井家は信州今井兼平の後裔にして源氏姓である。今井兼平の塚は現に江州石山に在る。松本家は旧藩主織田出雲守の命に依り、絶家を再興したものであつて、十兵衛は今井家より出でゝ松本家を再興したのである。実父源左衛門は自分の生まれたる歳即ち文久二年十月四日に没した。

自分は明治七年十三歳の時、柏原小学校を卒業し、翌八年黒井に在る小国謙三氏の塾に入つた。黒井は柏原より二里離れたる所で、毎朝未明より此二里の道を冷飯草履を穿ひて通ひ、夜は復た二里の道を歩いて帰つて来たのである。小国先生は田辺輝実翁の叔父に当り、漢学塾を開き傍ら黒井小学校の校長をして居つた。自分は既に十二歳頃より岡田道可先生に就て漢学を学んだが、新たに小国先生の塾に入つて、最も著しき感化を受けたる事は維新前後の史実を聞かされ、其中でも生野銀山騒動の話など最も面白かつた。即ち勤王と云ふ事は此時分から頭に深く沁み込んだのであつた。全体自分の生まれたる柏原藩は、維新前卒先して勤王の大義を唱へたる藩で、藩主は当時十二歳の幼主であつたが、家老津田要氏並に田辺輝実氏等若き頃より江戸又は京都に出で勤王の事に奔走し、能く大局を誤まらなかつた。中にも田辺翁は西園寺卿（今の公望公当時十八歳）が、勅命を奉して山陰山陽の鎮撫使として巡閲せらるゝ時の如き、其先鋒を承はられた程で、当時翁は田辺碓と称し、故男爵北垣国道氏は柴（地名）の捨蔵と呼び、故男爵沖守固氏は沖丹蔵と云ひ、共に王事に奔走したものである。柏原藩が蕞爾たる小藩を以て薩長土の雄藩と共に京都守護の任に当り、洛外樫原の陣屋に屯し蛤御門の固めを受持ちたる等、其功頗る大なるものがあつた。肥前の這入らざる以前は、薩長土柏と云ひしが何時の間にか肥前が入り来り、柏原藩は小藩の為め薩長土柏より省かれ、後維新の話を為す節は薩長土肥と云ふて柏原の事は言はぬ様になつて仕舞つた。自分は何とかして柏原藩が勤王に率先尽せし事蹟を、世に明かにし置き度いと常に考へて居る次第である。

却説当時の小学校と云ふものは、今と違つて一口に言へば寺子屋の様なものであつたが、自分は翌年僅か十五歳にして黒井小学校の助教となつた。其時の月給は八拾銭であつた。旧藩の漢学を修めた人々が、小学校の教員や助教になつて居つたが、其時分一番月給の高い人が五円、低い者は五拾銭で勤めて居たのである、十五歳で八拾銭の月給を貰ふたと云ふことは先づ良い内であった。此の二里の道を毎日通つて居つた為めに、小国家でも誠に気の毒に思ひ、月四拾銭の食ひ扶持を出せば、小国家に置いてやると云ふことであつた故、遂に小国の家に置いて貰ふことになった。自分が黒井小学校の助教時代に教へてやつた生徒の中で、今日成功して居る者は殆どないが唯一人ある、それは現今阪神電車の専務取締役をして居る三崎省三と云ふ人が夫れである。是は中々立派な成功者で現に数万の富を成し、尼ケ崎に立派な邸宅を構へて居る。其他の人は丹波の百姓であつて村長助役収入役位が関の山である。黒井に居ること二年足らず遂に黒井を退くことになつた。其事情は斯ふである、学校の前に一文菓子屋の婆サンがあつた、其一文菓子屋に金二十銭の負債が出来た。是は夜、夕食後に文久銭一文で空豆の煎つたのや、勝栗の粉な〳〵になつたものなど買ひ溜めたのが、積り積つて二十銭になつた訳である、其時月給の中から幾何かづゝでも返へさふと思ふても中々二三ヶ月では返へされない。一方其一文菓子屋からは頻りと催促されるので、遂に黒井に居耐《ゐたゝ》まらず其年の暮れに未返済のまゝ逃出した訳である。そふ云ふ次第で後で聞けば、自分の残して置いた二十銭の負債は、船城村の佐々木雅司氏が其事を聞いて気の毒であると云ふて、其負債を払つてやつて呉れたと云ふことである。是は明治三十四年に田健治郎氏が兵庫県より代議士として出られた時分に、当時船城村の村長佐々木雅司氏から聞いて始めて知ったのである。詳しき事は後に話す。

ヒロミに志す

明治九年歳十五の時、丁度黒井を逃出したと同時頃、長兄に当る今井左右蔵なる者が、貧乏士族をして居ても仕方がないから、巡査にならんとて笹山警察署にて試験を受けた。所が遂に落第の余義なき次第となつた、左右蔵は其落第を恥ぢ武士的な立派な切腹をして死んだ。当時笹山の警察署長をして居た薩摩人の白正一郎と云ふ人は、頗る義気に富んだ人で、長兄の検視に来て非常に同情し、自分の直ぐ上の兄の季吉なる者を、無試験にて巡査に採用して呉れた。其時自分は大に決心を為し、田舎に居ては迚も成功する事は出来ないから**ヒロミ**（都会の意味、丹波の方言）に出て、勉強をして身を立てるに如かずと決心した。其時分に自分は**サーベル**を差すことが大好で軍人か警察官になりたかつた。明治九年から十年に掛けては西南戦争で非常に八ケ間しい時代であつた、其時自分は神戸に出ることを両親に話したるに、非常にコレラの盛んな時であつた為め、迚も神戸抔には遣れないと云ふので、自分は已むを得ず夜逃げをして柏原を出で、当時西ノ宮警察署長をして居つた、同藩の士千賀大次郎なる人を尋ねた。元来自分は十六歳の割には、至つて小男で痩つぽちである所から、千賀氏は到底巡査の器でないとして世話することを断つた。其時自分は思ふに仮令体が小さく又痩つぽちでも、巡査なら為れないことは無い。殊に黒井にて小国先生より度々西郷隆盛の話を聞いたことがある、それは西郷隆盛先生が天下国家の事を憂ひ、水戸に藤田東湖先生を尋ねたるに、東湖先生何んとしても面会して呉れぬ。そこで西郷先生は二日間東湖先生の玄関に寝込んで仕舞つたので、東湖先生も遂に西郷先生に会つたと云ふ事を聞いて居たのであるから。自分は其真似を為さんと思ひ、千賀を逃げ出で神戸に行き、時の警察本署長篠崎五郎氏の官邸を訪ひ、同氏の玄関に坐り込んだのである。篠崎氏は当時兵庫県警察本署長として飛ぶ鳥を落す程の有力者であつた。其時篠崎氏は可愛い子供が来たとて、直ちに警察本署より一等巡査千々岩《チヾワ》英一氏を呼び寄せ、自分を取調べさせた。千々岩氏は己が世話をしてやると云ふて、警察署に連れて行き、お前は幾ら巡査を志願しても、もつと大きくならなければ巡査にしてやることは出来ないとて、遂に日給二十銭の警察本署詰雇として村野山人脇坂兵太抔云ふ立派な警部の下に書記として雇ひ呉れたのである。そこで自分は千々岩氏の世話になり、兵庫相生町に愛文堂と云ふ筆屋の二階に下宿することゝなつたのである。日中は警察本署に勤務しても夜分は暇もあるゆへ、勉強すれば善いが夫れもせず遂に遊び暮らして居た。

東上の念燃へて遂に出奔す

そこで自分は種々なることを考へて見たが、神戸は商業地で而かも塾に通ふ途もなく学校とても無いのであるから、東京に出て苦学を為さんと考へた。夫れから度々郷里に帰り両親に話をしたが、郷里は財産とてもあるでなく少しばかりの公債証書と、僅かな賃仕事や種々なる事を為して、暮しを立てゝ居る次第であるから、両親に東京に出でて勉強すると云ふことを話して見ても、未だ若年ではあり両親も心配して東京に出ることを許さない。夫れ等の為め柏原の上山良吉氏の母堂ヒナ子に相談して種々世話に為りしこと度々あつた。又自分の姉は当時三田《サンダ》の天岡家に嫁ぎ居りし為め、神戸と柏原の往復に度々立寄り種々な世話を掛けたのであつた。

所が如何にしても両親は東京に行くことを聞入れないので、遂に明治十二年六月意を決して神戸を辞職し柏原に帰り、柏原を逃亡せんとて前日上山方に到り、十分其情を明かさず、上山方より金壱円五拾銭を借り受け仕度を為し、松本家に在りし大小二本を盗み出した。其刀は黄金作りなりし故京都にて之を売払ひ、それを旅費として東京に出でやふと思つた。又今井家の兄は前に云つた通り切腹したのであるから、両親を嚇す為め、若し東京に行くことを聞入れざる時は、此刀を以て兄同様切腹するかも知れないと書き遺《おき》して逃亡したのである。両親は之を見て大に驚き殊に母は非常に心配し、氏神様に御詣《まゐ》りをするやら大騒動を為し、上山ヒナ子と共に方々捜し廻つたと云ふことである。所で自分は書遺《かきお》きの中に東京に行き掛けに京都に出ると云ふことを書いて置いたのと、京都柏原間の飛脚《ひきやく》が篠山《さゝやま》で自分の姿を見たと云ふことから、父は追ひかけ夜通しで京都に来たのである。種々詮索の結果、柏原の定宿たる十二屋と云ふ宿屋に自分が泊つて居ることが分つた。実は自分は十二屋に泊り居れば知れると云ふことは始めから承知であつたが、両親を嚇かして出京するより外に途がないと思ひ、故意に十二屋に泊つたのである。父は京都十二屋に来り、お前は何ふしても東京に行かねば死ぬかと云ふ故、東京に行つて身を立つるより外に途はないと思ふから、東京に出て陸軍々人になつて終始するか、又は警察官になると答へた。自分は前言ふた通り**サーベル**を佩《さ》げることが非常に好きであつたので、陸軍々人になるか又は警察官になる志望を有つて居たのである。父は誰れか連れてもあるのかと聴くから、自分は連れがあると嘘をついた。父は誰れかと問ふ、九州の人で千々岩《チヾワ》と云ふ人がある其人と東京に行く約束をしてあります、其千々岩は既に草津に待つて居ると云ふと、父は連れがあるなら安神と云ふので、遂に上京することを許したのである。其時父は懐中より拾銭札二拾銭札半円札を取り交ぜ胴巻を拵へて、其胴巻の中に合計拾六円を入れた儘之を渡して呉れたのである。其時親と云ふものは難有いものであると云ふことが真に身に沁みて、早く月給取りとなり孝行せねばならぬと感じた。父は柏原を出る時既に東京行を許す決心で来たのであるから、無論母と相談して胴巻まで作り小銭のみを持つて来て呉れたと云ふことは、実に難有く此事は片時たりとも忘れぬ様に勉強しなければならぬと思つた。又連れがあるかと聞かれたのは一人旅を心配するからであつて、実は自分が嘘を云ふたのに拘はらず、連れがあると信用して安神の上出京を許されたのである。此父を欺いたと云ふことが、自分としては何んとも言はれない感に打たれた。其時愈々父と別れることになつたので、父は今日は旅費の外に少し持合せがあるから、別盃してやると云ふことで、京都三条小橋に池亀と云ふ家（今でも川魚料理をやつて居る）で鰻を沢山食べさせて呉れた。其日の午後四時頃に父は夜の旅は可けないから明日の朝早く立てと言はれたが、草津に千々岩が待つて居るから一時も早く行かねばならぬと云ふて、其処を出て仕舞つたのである。其時父は尚ほ道中の事など頻りに話をして、拾六円の金は毎日壱円づつ小出しをして財布に入れ置き、後は必ず胴巻に入れ、夜寝る時は必ず腹に縛り付けて枕の下などに置いてはならぬと云ふことを厳命した。尚ほ東京の道の昔のチボ抔の話を頻りと言ひ聞かされた。其晩は草津に泊り、翌朝早く宿を立ち出で一人東海道を歩みつゝあつたが、道中にて東京の近江屋（今の日本橋の伴伝商店）と云ふ店の番頭で当時二十五歳位の者と一緒になり、同人と共に伊勢の四日市まで行つたが、四日市からは横浜まで汽船の便があつて、此汽船賃は弐円五拾銭と云ふことである、其船に乗らふとしたが其時に彼の男は東海道を行かふと頻りに勧めた。然し自分は四日市にて其男の善くないことを看破した故、自分は汽船に乗ることを主張した。遂に其男も同意したので其日汽船に乗込んだ、船の名は忘れたが三等で筵を敷いて皆な其上に坐つて居つた。所が突然松元さんと呼ぶ者がある、自分は驚いて振り向き見れば、曩に自分が神戸で愛文堂に下宿して居た頃、其前側に江戸新と云ふ古洋服屋があつて、其江戸新の妻《おかみ》さんが其船に乗つて居る。松元さん何処に行きますかと聞くから、自分はお前さんは何ふしたのだと聞いたら、私は亭主と喧嘩をして亭主の実印とお金を沢山持出して、横浜に逃げて行く途中である、何なりとお前さんの好きな物を食《た》べさせるし何でも買ふて上げるから逃げることを助けて下さいと云ふことであつた。自分は神戸に居た頃、江戸新と云ふ古洋服屋へは時々古洋服を買ひに行つたり、夏の夕方になると江戸新の前で涼《すゞ》んだこともあつた為め、その妻《かみ》さんは能く知つて居た訳である。妻《かみ》さんは又自分が警察に勤めて居たことも知つて居つた、それゆへ自分を頼んだのであると思ふが、頻りに自分を大切にして呉れた、所が何時の間にか彼の伴伝《ばんでん》の番頭と好ひ仲になつたらしい。兎に角面白可笑しく船の中で過した。時にはボーイに命じて西洋人の食ひ残りの洋食などを取寄せ御馳走して呉れた。船が無事に横浜に着くと、横浜の境町警察署の巡査数名来り、江戸新の女房の乗つて居ることを調べて、此の女は神戸を失踪した者であるから神戸から横浜の警察へ電信で取り押へ方を申込んで来た。其中に男が一緒に居るだらうと云ふことが書いてあるとて、自分と彼の伴伝の番頭とは遂に江戸新の女房と共に、境町の警察署に拘引の身となつた。夫れから段々警察署で其事情を調べて、自分は何等関係ないことが明かになり帰宅を許されたが、伴伝の番頭は変だと云ふ所から拘留になつた。其時番頭は自分に向ひ何んな事でも聞くし東京で必ず御礼をするから、是非自分が許される様にお願ひして呉れと頼むから、自分は当時名は忘れたが境町の県庁の脇で角の或る宿屋に一晩泊つて其番頭の帰りを待つて居た。所が帰つて来ないから翌朝警察に行つて聞いて見たら、彼の男は江戸新の女房の金を盗んだ嫌疑があるから、帰へすことは出来ないとの事であつたから、自分は遂に別れて一人で東京に出たのである。

東京の初苦労

始め東京に来る時は、自分の従弟に当る勝野直太郎なる人物が、本郷房太郎氏（今の陸軍大将）の世話で陸軍幼年学校に這入つて居た故、自分も其世話になり、幼年学校の試験を受ける積りであつた。又一つには柏原藩の者で、東京の警視庁の巡査になり居るもの一等巡査で岡安直方、それから二等巡査の藤本喜作と云ふ人がある。其藤本は赤羽根の屯所に居り、岡安と云ふ男は八丁堀の屯所に居ると承知して居つたから、先づ品川から赤羽根の屯所に藤本を尋ねた。所が藤本なる人は明治十年の戦にて多少金を溜めて、巡査を罷め新橋の辺で蝙蝠傘屋を出して居ると云ふ事を聞いたので、已むを得ず八丁堀の岡安を訪ねたるに、岡安は千葉県に出張して不在と云ふことであつた。其千葉に出張したのは、十年の西南暴徒の残党が、千葉に潜伏して居ると云ふことで巡査が数名出張することになり、思案橋で其暴徒と巡査と突つかり挌闘となつた、そこで之を思案橋事件と云ふて当時有名な騒動があつた。岡安はそれに出張して居たので同人へは面会が出来なかつた（岡安君は今は死んだが其細君と養子には多少尽した、現に養子の胤氏は自分が世話をして今小田原十字町の郵便局長をして居る）。

已むを得ず勝野を幼年学校に訪ね、幼年学校の試験を受けることになり、直ちに試験を受けたが（当時は何時でも試験を受けられた）其試験に落第した。殊に試験官の言ふのには、お前は其小さい身の丈けで、それに其の痩つポチでは迚も陸軍の士官になることは出来ないから、生涯断念する方が可からふと揶揄《ひやか》されたので、此時限り自分は陸軍に出ることを断念した。

そこで已むを得ず藤本を尋ねたるに、今の新橋の橋善と云ふ天婦羅屋の在る辺に、屋台見世が沢山あつて其真ん中に藤本は蝙蝠傘屋を出して居つた。小僧もなければ番頭もなく女房もなし、唯つた一人で店を開いて居た。藤本に自分の考を話した所、今巡査になることは六かしい何か商売屋に行つて小僧になるのが良からふとの話である。自分は当分藤本に置いて呉れと言ふたら、藤本は悦んで是非居て呉れと云ふことであつた。其当時藤本の店では弁当を喰つたり往来の飲食店で立喰をやつたりして居たものである。藤本に行つて三日目藤本が湯に行つた留守に蝙蝠傘を買ひに来た客があつた、自分は七十銭で売るべき傘を間違つて二十五銭で売つて仕舞つた。藤本は湯から帰つて来て大に立腹し、お前の様な者は迚も家《うち》に置く事は出来ないと云ふ事であつた。然るに藤本の一軒隔いて隣りに寿司屋があつて其寿司屋の亭主が、つい先程藤本の留守に来ての話に、斯んな店に居るよりか私の所へ来て出前持をすれば、一日には余程になると云ふて勧めて居た。そこで今藤本に叱られたのを幸ひに藤本方を出て一軒隔き隣の寿司屋の出前持となつた。今の銀座の南金六町、日吉町、金春辺は煉瓦地と云ふて、売春婦が多く居つて芸妓屋はまだ無かつた様に思ふ。其所等から五銭、三銭の寿司を注文して来る、岡持の中に寿司を入れて注文先の名を名板《めいた》に書いて貰ふて之を届けるのである。（名板とはマッチの無かつた時分に火を点ける附木板のことを云ふ）出前持をすること三日、今でも忘れる事の出来ない事件が持上つた。其頃新橋の橋の袂《たもと》に便所があつた、其処まで岡持を下げて行くと急に下痢を催したので、五銭の寿司を入れた岡持をその便所の横に置いて、便所に這入つて居たが、其間に中の寿司は持逃げに逢ひ岡持は川の中に捨てられて仕舞つた。寿司屋に帰り此事を話すと、亭主に怒られ三日分の日当は取上げられ、迚もお前の様な者は置く事は出来ないから何処へでも行つて仕舞へと言はれた。尚ほ寿司屋の亭主は是では藤本が小言を言ふのも尤もだと罵つた（藤本君は其後郷里に帰り有福な暮らしを仕て居たが今では楽隠居の身である。自分は数年前図らず同君の消息を知り爾来通信往復を為し旧交を温めて居る次第である）

そこで自分は迚も斯ふ云ふ事をやつて居ては何にも出来ない。兎に角旧藩主織田信親子が浅草鳥越に居られ、又其近所に田辺輝実氏の母堂や夫人が居らるゝことを藤本や岡安から聞いて居た故、織田様に頼んで身の振り方を付けるのが良いと考へ、織田家を訪ねたのである。当時織田家の家扶は中川保と云ふて柏原藩士である故それを訪ね、又田辺氏は内務省の役人をして居つて何れにか出張して居られ、夫人とお婆さんとは織田家の隣の柳沢の屋敷の長屋に住まつて居た。自分は藤本の蝙蝠傘屋の小僧をした事や、寿司屋の出前持で失策《しくじ》つた事抔は一切隠し、国から直ぐに来た様な顔をして中川保氏に面会した。中川氏は兎に角学問をしなければならぬが幸ひ一郎（中川保氏の長男）が小石川の同人社に行つて居るから同人社へ通へと云ふ。自分は大に喜び一郎君と共に同人社に通ふことにした。同人社は当時の新智識中村敬宇先生の塾で一ケ月塾費弐円五拾銭を払へば入塾が出来るゆゑ、遂に其塾に這入り国許に月弐円五拾銭の塾費の送金方を談判してやつた。所が郷里からは一ケ月弐円五拾銭宛送る事は困難な事情もあり、迚も送りきれぬと云ふことである。それよりも国へ帰り巡査をしたければ巡査をするとか、又は学校の教師をするとかして呉れ、追々歳も取ることであるから、嫁も貰はねばならぬと云ふて、幾ら交渉を重ねても遂に弐円五拾銭の塾費は送つて呉れなかつた。又自分は頗る学問が嫌ひで、敬宇先生の塾に這入つて見たものゝ遊んで許り居て勉強もしない。当時山川善太郎と云ふ丹波の福住から来て居た人があつた。頗る豪傑で第一回と第二回の衆議院議員の総選挙に、多紀郡から立候補した事があつたが遂に当選はせなかつた。此人が塾生の頭になつて良からぬ事のみ教へて居つた。然るに国から塾費を呉れず自分の有金から弐円五拾銭づゝ払つて二ケ月居たが、迚も維持が出来なくなつた。其頃織田家では頻りに盗難に遭ひ既に三回に及んだので、執事抔は非常に心配して協議の上不寝の番を置くことを建議した。其頃小林南八氏は千葉県にて警察本署長兼開墾管理四等属として松戸警察署長を兼ねて居たので、小林氏は松戸から東京に通つて来ることゝなり、又林正幹氏が東京に居た故、小林氏と林氏と一組となり、中川一郎君と自分が一組となり、四人が一晩更代に不寝番をすることになつた。或夜邸内巡廻中雪隠の掃除口が開ひて居たので、自分は中川に掃除口が開いて居る、此処から泥棒が這入つて居はしないかと言ふと、中川はそんな事があるものかと言ふ。自分は持つて居つた**ピストル**を三発池の中に撃ち込んだが、雪隠の中からは泥棒も出て来なかつた。其晩は夜の明け方の見張りをせず、自分も中川も寝て仕舞つた。翌朝になると奥から大変が起つたと云ふことで、何であるかと聞いて見ると、昨夜御化粧部屋に泥棒が這入つて、奥サンの衣物を皆持つて行つたとの事である。段々調べて見ると自分の言つた雪隠の掃除口から這入つて居る。そこで執事中川氏は怒つて一郎と自分を追出すと云ふことになつたが、一郎は同人社に通つて居るものだから何とも仕方がないと、遂に一郎君の為めに自分も中川方に預けられ、田辺方から詫びを言ふて貰つて不相変織田家に居ることになつた。其後泥棒は捕まつたので衣物は還へつて来た。其時泥棒が云ふには、彼の時二人の書生が見廻りに来て**ピストル**を池の中に撃ち込んだ時に、自分は雪隠の中で屈《かゞ》んで居て可笑しくもあり恐ろしくもあつたと白状したとの事であつた。

不得已千葉県巡査となる

或る日小林南八氏は自分に向ひ、君の親十兵衛さんは自分（小林氏）が初めて江戸に来る時に連れて来て貰つた関係もあるから、お前は己が千葉県に連れて行つて世話して遣らふと思ふが良いかと言はる。そこで自分は学費もなく勉強も出来ないから、巡査をして漢籍なりと夜分に教はりたいと考へ、世話して呉れと云ふた所、小林氏は喜んで千葉の警察署長武藤宗彬氏に頼んで呉れた。武藤氏は同県人（播州龍野出身）で千葉県知事は有名なる柴原和と云ふ、之も龍野出身の人である。小林氏は最上級の警部で警察本署長を兼ねて居た。自分は小林氏の添書を貰つて千葉に行くことゝなつた。其時二ケ月間も織田家の不寝番をしたので、織田子爵家では贐《はなむけ》として金二拾銭を下賜された。執事の中川氏は之れは余りヒドイとて大に同情して五拾銭を恵み呉れた、田辺夫人房子サンが又同情して五拾銭を恵み呉れ、田辺のお婆サンも三拾銭を呉れた。合計金壱円五拾銭を持つて千葉に行き、巡査の試験を受けることになつた。所が自分は丈けが低く五尺に足らない故、巡査の試験に六づかしいと云ふので、色々工夫を凝した結果靴の踵《かゝと》に綿を詰めて丈けを五尺以上にすることゝした。是は明治十二年九月頃であつて、自分は歳十八であつたが当時巡査は二十歳以上と云ふ試験規則があつた。それは小林氏の心配で戸籍を調べないことゝし、二十一歳と偽り試験を受けた。そして其試験に合格した。所が小林氏から武藤氏に頼み内勤にすると云ふ話であつたが、武藤署長が部下の警部に之を伝ふることを忘れて居た為め、試験の翌日千葉県四等巡査を拝命したが（当時**コレラ**が流行して巡査の足りない所から直に拝命した次第である）、内勤の話しが通じて居なかつた為めに、拝命した晩直ぐ千葉郡寒川村の**コレラ**病患者の家に立番を命ぜられ始めて立番をした。**コレラ**患者の家は漁師《れふし》の家で此の立番は交通遮断の為めである。**コレラ**の家の外に立つて居ると、家の中から唸る声の洩れ聞ゆるのと、激しき眠むさと又恐ろしさの為めに実際弱り切つた。当時巡査は三尺棒と龕燈《がんどう》を持つて居た。自分は其龕燈を後向けにし三尺棒を立掛けて置き、**コレラ**の家の二三軒先の細い路地の間に這入つて、疲労の極眠つて終つた。何時の間にか監督警部来り龕燈と棒とを拾ひ取り自分を探し歩き、遂に自分の眠り居る処を見付け出され、非常の小言を食わされた。其警部は矢張り兵庫県龍野の人で大藤汀《だいとうみぎわ》と云ふ人であつた事は後で知つた。其翌晩も亦淋しい県庁裏の藪の中の交番に行くことゝなつた。其交番は半夜更代で巡査一人が詰めることになつて居つた。十二時頃自分は其交番に行つて非常に淋しかつたが、当時共に拝命した宇井甚兵衛と云ふ巡査があつて、此男は群馬県や埼玉県で巡査をした男で非常に摺れて居た。それが交番に出て来て、君淋しければ己が代つてやる故、金を弐拾銭持つて居るならば貸せと云ふ。それを何ふするかと聞いて見ると腹が空《へ》つたから蕎麦を食つて来て、君の代りをしてやると云ふから、弐拾銭を貸した所其男はソレツキリ出て来ない。遂に二十銭只取りされたのであつた。其内又々眠くなつて来たので交番の見張所で又眠つて仕舞つた。其所に又前晩の鬚の生へた警部が出て来て又寝て居る所を捕まつた。其所で其警部が云ふには君は小林さんの援《ひき》だと云ふことだが、昨晩もあゝ云ふことをして居たし、今晩も亦眠つて居る、斯ふいふことでは迚も警察官にはなれない、全体君は何ふ云ふ約束で巡査になつたかと訊《たゞ》した。そこで自分は実は小林氏から武藤署長に頼んで内勤巡査にして貰ふ約束になつて居りながら、外勤に廻はされて困つて居ると云ふことを話した所、大抵の者は普通ならば此儘にして置くことは出来ないけれども、君は年は若いし定めし辛らいだらふから今度は見逃すことにする、将来余程気を付けないと待罪書を取らなければならぬ様なことになるから、大に注意せよと云ふことであつた。翌日巡査在屯に帰り寝て居たが、十二時頃松元さん御用召しですと小使が知らせに来たので警察署に行つて見ると署長より内勤を命ずと云ふ辞令を受けた。是れ全く大藤氏の尽力に因るならんと思ふて大に感謝したる次第である。此の大藤氏とは後年自分が代議士となつた時、新橋の橋の上にて邂逅し落魄したる同氏を貴族院守衛に世話し、聊か此時の恩に報ふる所あつた。是は後の話である。

木更津で結婚す、コレラ担ぎ

千葉警察署の居ること二ケ月、当時福原三箴と云ふ警部があつて、此人は木更津警察署長であつたが、自分を世話すると云ふので木更津に呼寄せられ、遂に木更津署の内勤巡査になつた。傍ら同地の漢学者梅田風香と云ふ家に、夜学に通ひ漢学を学んだ。其翌年三等巡査に昇進した。そふすると国許から呼びに来り、三等巡査になれば所帯を持つて楽に暮らせるから、千葉県を辞職して柏原に帰り、三等巡査になりそふして女房を持てと云ふことを度々両親から云ふて寄越すから、自分は女房は此処で持つて向ふ二ケ年の間に一等巡査になるから、一等巡査になれば家族即ち親二人を千葉県に呼ぶと云ふことを言てやり、小林氏からも此旨を国許に言ふてやつて貰ふた。所が小林氏に対し親父から礼状がてら、身を固めさす為め早く妻を持たした方が良いからと云ふて来たので、小林氏は世話をするから妻を持つては何うかと云ふことであつた。其時自分は三等巡査で月給七円であつたが、遂に自分の上席なりし一等巡査越川鋼次郎氏の世話になつて、自分が木更津で下宿して居つた帳面屋の綱島と云ふ家の親戚に当る、千葉県望陀郡（今の君津郡）久津間村江尻延太郎氏の妹サクなるものを娶ることになつた。歳は同年であつた。国許よりも承諾の旨申し来り、其年木更津に於て結婚し、鳥飼と云ふ宿屋の離屋を借りて住ひとした。其時十九歳であつた。

翌年北條警察署に転勤し、千葉県二等巡査になつた。それから署長代理をした。其時特筆大書すべきことは、同地で改進党の政談演説会があつたので、東京より堀口昇、肥塚龍、沼間守一の三人が演説に来た。其時自分は署長不在の為め署長代理として臨監した。其頃の自分の考へは誠に幼稚なもので、中央政府の政治の善悪を論ずることは何んでも構わず自由に捨て置くが、其代り千葉県令とか千葉警察本署とかの仕事に向つて、彼是言ふたら直ちに解散を命じてやると云ふ考へを以て臨んだ。所が千葉県令のヤツテ居る事に対しては、何等批難攻撃は仕ないで大きな政治問題の批難攻撃ばかりやり、今日の如く自由民権を束縛するときは軈て仏蘭西革命の二の舞をやることになると演説した。所で其筆記を巡査にさせたが、翌日其筆記を作り上げる段になり、自分以下二十名許りの巡査が居たが、一人として仏蘭西革命の革命と云ふ文字が分る者がない、止むを得ず仮名で書かして本部に送付したことがあつた。今日から考へると誠に馬鹿々々しき様であるが、当時の一般の知識程度は実にそんなものであつた。

　自分が北條警察署在勤中又々**コレラ**が猖獗を極めた事があつた。その頃鮪船が布良《メラ》や相浜に着くと一船の中に鮪と共に四五人の漁師は**コレラ**で死んで居る位の勢であつた。そこで**コレラ**死亡者の遺骸を火葬場へ運ぶのに人夫賃を一日壱円と云ふ高いものを払つた。当時の一円は今日の何拾円に当るか実に素ばらしい高い賃金である。夫れでも人夫は恐がつて出て来ない、又人夫抔云ふ者は三日も働いて少し懐が温まると遊んで働かふとしない。まご〱して居れば死骸の山を築く恐れがある為め、自分は人夫の代りに巡査に担がすることゝし、先づ自分から卒先して之に当つた。当時は若い元気に任せて、患者の排泄物などは両手に掬ふて棺桶に入れたものだ。或る時自分と長谷川と云ふ巡査と二人で**コレラ**の死骸を担《にな》ふて行くと、歩く拍子に自分の背中を頻りと叩くものがある。変だとは思ひながら歩きつゝあると、後棒の長谷川巡査が**コレラ**が生きたと云ふてバッタリ棺桶を投げ下ろすと棺桶はバラ〱に壊れて**コレ**

ラが転がり出た。驚きながら調べて見たら、死人が生き返つたのではなく、死骸の両手が棺桶から出て居たのが歩く毎に少しづゝ延びて、自分の背中をオイ〳〵と叩く様に後棒に見えたのであつた。斯の如きことをして兎に角勤め続けた。

其年長女鶴代が生れた。其翌年明治十四年二十歳の時千葉県一等巡査を拝命し、直ちに千葉県より高知県警部になる約束で転任を命ぜられた。

高知県に転ず

当時高知県には県令として田辺輝実氏あり、警部長としては田健治郎氏が居られた。所が自分は転任の途中神戸にて耳にした所では田辺氏は内務省の取調局長となり田氏は東京の品川警察署長に転ぜられたと云ふことであつた。力と頼む知事、警部長に去られて、自分は恰かも一人取残された訳である。尤も予て千葉県で木更津警察署長として自分を世話して呉れた福原三箴氏が警部兼典獄になつて高知県に残つて居つた。是より先き国許にては自分が千葉県一等巡査になつた事さえ両親は意外の出世と喜びし所へ、此度は高知県警部となると云ふことゆえ、今で言へば大臣にでもなつた様に喜び、両親は神戸迄逢ひに出で来り、自分の幼時に乳を呉れた女の夫角屋の弥八をも連れて来て、横浜より船の着くのを待つて居た。殊に自分は妻を連れ孫の鶴代をも連れて来ると云ふので、其喜びは譬へやふもなかつた。然るに一喜一憂は忽然として来た次第で、頼みとする高知県令は代り警部長も代りたるゆへ、途方に暮れざるを得なかつたが、兎に角県令の来るのを神戸で待つ事にした。軈て田辺内務省取調局長は土佐より着、後藤旅館に入られた。自分は直ちに訪問した所、田辺氏はオー十兵衛さんの倅か、己れは内務省に替ることゆへ、貴様は勝手にせよと言はる。当時の県令なるものは実に威張つたもので、自分は一室《ま》隔りたる処に座し、お辞儀を為したのみにて一言も発言することが出来ず閉口して居ると、氏は田が東京へ替るゆへ田を待つて相談せよと言はる。已むを得ず神戸に二三日滞在して待つことゝし長狭通りの小林楽と云ふ小さな旅館に国許から来て居る両親と共に泊つて居た。

　田氏は数日して神戸に着せられ、安場と云ふ旅館に入らる。自分は波止場に田氏を迎へたるに、氏は田辺県令とは違ひ頗る優さしく、アナタが困るならむと思ひ、福原三箴に頼みたるに、福原は快く承知し、監獄の書記に採用のことになつて居る、兎に角土佐に行くがよし、又時の来ることもある故、其時は自分が引受けて世話すると言はれたので、自分は地獄で仏に会ひし思ひを為し、妻と子供は両親に預け丹波に遣り、単独にて讃岐に出で金比羅様に参詣し、多度津越と云ふ処を越へて陸行して土佐に着いた。土佐では福原氏が待ち居り呉れたると、自分の実母今井フキが居りて、非常に喜んだ。さふして田さんの言はれたる通り福原氏の世話で監獄書記准判任御用掛月俸十二円を拝命し、看守長代理となつた。当時書記と云ふ名義は事務を扱ふべき筈なるに、典獄の次席に沖と云ふ高級看守長が居て、此人は土佐人で他県人を嫌ひ、自分を辞職せしめんとの策から、看守長の為すべき仕事、則ち監獄では誰れでも嫌がる懲役人の出入に衣類身体を検むる役目を申付けられた。是は明治十四年の暮で、此の十四年は国会開設の大詔喚発があり、随分八ケ間しき年であつた。

明治十五年の春を土佐で迎へたが、看守長代理の職務と云ふは前に云ふ如く囚人の衣類を出入毎に検査するのであるが、其衣物が実に一種言ふべからざる臭気を発散し、寒い時分であるに拘はらず一度其衣物に手を触れると、何ふしても三度の食事が出来ない。そこで自分は飯を喰はないことが三日に渉つて、迚も辛棒することは出来ないのみならず、自分は素と高知県の監獄に勤める積りでなく、高知県の様な八ケ間しい処で警部でもやり、奮闘して見る覚悟で行つたのであるから、遂に辞職する決心をした。自分の兄の今井季吉は国で巡査を罷め、田辺県令に呼び寄せられ、高知県で山林局の雇をして居つたが、当時は辞職して国に帰り居り、実母の今井フキは高知県に残されて居たのであるから、此母を連れ土佐を辞して大阪に出る決心をしたのである。

船中宮地茂春氏に会す

仍て辞職後母を連れ、高知浦戸より汽船に乗り込んだ。船中にて偶然当時板垣退助伯の配下たりし宮地茂春氏に会つた。宮地氏は自分に対し君は他国人のやうであるが何れの国の人ですかと聞いた。自分は兵庫県丹波の生れで自由党の志士植木致一の親類の者なりと答へた。宮地氏は植木君は土佐に来り板垣に居たゆへ、吾輩も能く知り居るが丹波の人でありしかと云ひ、尚ほ君は全体何用で此土佐に来たかと聞きし故、自分は官吏たることは隠し―当時官吏と政党員は全で仇敵の如き関係でありし為め―自分の実母が故あつて高知に居たので、それを迎えに来たのであると答へた。すると君は立派な青年の様であるが、将来何を目的とするかと聞いた。自分は出鱈目に外国貿易を為さんと云ふ考へだと答へたるに、宮地氏は君が外国貿易に志すと云ふことは実に立派な考へである、己れも大阪で支那貿易の事務所を置いて居るから其処に来ないかと云ふ。自分は直に之に賛成して宮地氏と事を共にすると答へた。宮地氏は然らば仲間に入れるから其加名金として金百円を出せと云ふ事であつた。自分は千葉県から高知県に行く時の旅費やら、高知県を罷めた時の満期賜金やら、帰国旅費やらを溜めて約五六十円の金を有つて居たので、百円を出す事を承諾し大阪で渡すことゝした。そこで共に神戸に上陸相別れ、自分は母と共に神戸より大阪に出で、梅田駅で自分は母と自分の二人分の行李を背負ひ、人力車を雇はんとしたが、車夫が梅田から瓦町迄の車賃を三円出せと言ひし為め、自分は怒つて馬鹿と云ひたるに、車夫は馬鹿とは何だと大喧嘩になつた。之を見たる母は大に驚き、地上に座つて車夫に断はりを云ふて騒動は漸く収まつた。此の瓦町へ行かんとしたのは、塩川磯七と云ふ今井の実母の姪婿が居たので、其処に母を預け自分は国に帰り、父に会つて宮地氏に出すべき加名金の不足を調達せんが為めであつた。そこで塩川に母を預け国に帰り、父を偽つて五拾円の金を調達し、再び大阪に取つて返へし、金百円を宮地氏に渡した。其時宮地氏は大阪土佐堀で支那貿易商会の看板を掲げて居たが、何等商売をする模様もなく壮士十数名を置いて、家の中には貧乏徳利と鰯《いわし》の目刺しがあるばかりであつた。然るに自分はそう云ふ事には頓着なく百円を渡しその家に住ひした。所が百円渡してから宮地氏は何れに行きしや一週間経つても帰らない。其中に飯炊婆の言ふのには、宮地さんは金を懐にしたら迚も帰つて来る気遣はない、お前さんは斯ふ云ふ所に待つて居ても迚も駄目であると云ふから、自分は当時土佐人の宿泊する自由党員の旅館波速橋際原平方に到り、宮地氏の話をしたら、原平の親爺が云ふには、宮地さんは貿易商所ではない、金を持てば松島遊廓に行つて居るに違ひない、アナタはそう云ふ風に待つて居られても迚も駄目だと云ふ。自分は驚いたが追究もせず仕方がないと思ひ、其儘一言も言はず宮地氏を見限り、大阪を発し京都に行つて当時上京区の警察署長をして居た、布野万長なる人を尋ね、京都府の巡査に為らんと頼んだが、布野氏の言ふには二等巡査位でなければ、欠員がないと云ふ。自分は既に一等巡査や准判任御用掛十二円になつたのであるから、二等巡査は嫌だと云ふて、其儘国に帰つた。其時二十一歳である。

始めて田氏に援かる

明治十六年の正月を柏原で迎へ二月になつた。田健次〔治〕郎氏品川警察署長より転じて神奈川県警部長となられ、同年二月下旬同氏より自分に旅費として金拾五円を送られ、神奈川県に来いと云ふて来た。自分は飛び立つ様に喜び勇んで直に横浜に行き、田氏の書生となつた。其時廿二歳。

其年の三月十日神奈川県御用掛等外一等で月俸十円を拝命し、警察本部庶務掛を命ぜられた。其庶務掛の内に探偵係があつて自分は其探偵係になつた。あとで自分が考へたるに田さんは自分に人間学を学ばせる為めに、探偵係にして呉れられたのであると気付いた。当時の探偵係と云ふのは高等警察と普通警察の二つの係りになつて居た。其主任は安達安民と云ふ人であつた。其下に警部清水国太郎と云ふ者が附いて居た。清水は其係長で安達氏は警務課長で庶務掛長を兼ねて居つた。其安達と云ふ人は最高級の警部をして居て警部長代理をも勤める地位で、最も人間学に通じた苦労人であつた。此人は常に自分に教訓を与ふることにのみ熱中し、東照公の遺訓ー人の一生は重き荷を負ふて遠き路を行くが如し急ぐべからずーと云ふを題とし、お前は年が若いから是から先き、総て忍耐と云ふことを主としてやらなければならぬ、心に不平は決して起すべからずと云ふことを常に言ひ聞かせて居た。又旧幕時代の士《さむらひ》と云ふものは凡て義と云ふことを守るものであつた、例へば主取りをするには余程考へてやつたもので、所謂忠臣は二君に仕へずの義から来たものである。田氏は最も親切なる人で人格も亦立派な人であるゆへ、此人に見出された以上は決して此人より離れてはならぬ、又人は恩と云ふことを忘れてはならぬ、恩を受くれば必ずそれを報ゆる考へがなくてはならぬ、金を借りれば返へすと云ふことが当り前であると同様で、受けた恩は必ず報ぜなければならぬ、又人は信用が大切で妻を持てば其妻が不都合をせぬ以上、妻を取り替へる抔の事をしてはならぬ、之は信用を傷くる一つとなる抔と常に言ふて居た。其安達警部は後ち神奈川県の郡長となり、明治三十年に神奈川町で死去した。其時安達氏は赤貧洗ふが如き窮状であつたから、自分は大に力を尽し負債も引受けて代弁し、又葬式等に付ても金を出し同氏に報恩する所あつた。（此話後に詳し　□〔ママ〕頁参照）

神奈川県での初手柄（入村伝次郎事件）

自分は明治十六年三月より十七年六月迄御用掛として探偵事務に従事したが、十七年六月自分は月俸拾弐円の警部となつた。其間明治十六年四月入村伝次郎と云ふ者が、田警部長の私印会計課長青木往晴と云ふ人の官印を偽造して、機密費弐百四拾円を詐取した事件があつた。此事件は当時最も大なる事件であつて、其頃県庁に於て度々官品を窃取する者があつたが、誰れが窃取するか、更らに分らず非常な問題となつた。然るに自分は種々なる苦心をして犯罪の其翌年七月、入村伝次郎が犯人なることを探知し遂に捕縛した。此れが自分が探偵掛となり始めて功を建てた事件で非常な賞賛を受けた。此入村伝次郎なる者は当時の県知事沖守固氏が連れて来た男で、非常に信用されて居たので安達安民氏や自分の秘密事務の書記として使用して居た男である。人は皆な入村などの仕事ではないと思ふて、一人として疑を掛ける者はなかつた。自分は不図した動機から入村の挙動に不審を抱くに至つたのは、自分は探偵掛になつてから、朝は早く起き夜は毎晩々々横浜の賑ふ伊勢崎町賑町から長者町仮遊廓辺を巡回して居た。雨が降ふが風が吹かふが暑からうが寒からうが、夕食後十時迄は必ず外に出て居た。或時伊勢崎町の裏家の密売淫婦の仲介を為す、近藤喜美と云ふ者の家から入村が出て来るのを認めたのが動機で、夫れから専属の探偵として松浦重策を附し、入村の挙動を厳重監視せしめたが、段々入村の不都合が発覚したので遂に之を捕縛し逐一犯状を自白せしめた。入村は後有名なる強窃盗犯人となり、神奈川県を荒し廻りたる強賊となつた。此の入村の犯罪は実に小説的に出来て居り、其後田男爵は常に探偵小説として話をせられた程面白き犯罪事件であつた。自分は探偵掛以来上下貴賤の別なく勉めて社会の各階級と交際し、此時分から人を訪ふことを一の勤めとし、横浜では何町何某の隣には何品を売る何屋であると云ふ事を殆ど暗《そらん》じて居つた。

明治十七年八月清水は他に転じ自分は清水の後を受けて探偵主任となつた。同年七月長男卓生る。此年四月丹波より両親及び大阪に居たる実母今井フキを呼寄せ、横浜伊勢崎町官舎に一家を構へた。此時二十三歳。

鶴間ケ原の貧民騒動

同年（明治十七年）秩父暴徒と称し、埼玉県秩父飯能地方で貧民蜂起して警察署を焼打し警部巡査の死傷する者多数に上つた暴動事件があつた。東京鎮台よりは兵隊を出動さする騒ぎとなつて、それが神奈川県に波及した。当時多摩郡は神奈川県の管轄であつたが、八王子近傍から高座郡附近は貧民数百人づゝ集会を催し、やかましき事があつた。其時田警部長は**ピストル**や日本刀を帯び、東京を経て八王子方面へ出張された。安達安民氏と自分は田警部長の命に依り陸路八王子や高座郡に出張することゝなつた。そこで自分は安達氏と共に横浜を発し、陸行して長津田迄到りしに、同地で安達警部は八王子は気に掛るが高座郡上溝迄は注意を要する場所ゆへ、鶴間ケ原を経て上溝迄偵察せよとの事であつたから、自分は一人夜中三人曳の人力車にて制服の上に日本刀を帯び右手に**ピストル**を持ち、上溝に行かんと鶴間ケ原を急行中、一二丁許り先きに貧民五六百人集合し居るに出会した。当時貧民等は頗る殺気立ち、各々手には火縄銃や竹鎗を持ち、篝火を焚き居りたる為め、車夫三名は腰を抜かし歩くこと出来ず。自分は已むを得ず後へ戻り原町田分署に急報せんかとも思ふたが、車夫の手前もあり愈々死を決して勇気を鼓し車夫三名に向ひ、自分一人彼の場所へ飛込むゆえ、彼等が鬨《とき》の声を揚ぐれば自分が殺されたものと思ひ、人力車は捨て置いて原町田分署へ急報せよと命し置き、単身提灯を持つて其場所に到りたるに、彼等はワイ〳〵騒ぐ割りには別に暴行もせず、集合したる事情を陳情すると云ふ。仍つて自分は集合者の内十人丈け委員を選び、自分と共に原町田分署へ来れと云ふたが彼等は投獄を恐れたものか、同行しようとせず、近傍の空き地蔵堂に行き、陳情を聴き呉れと云ふ。自分は其事を承知し其地蔵堂に行きしが、此処で殺されるものと決心して行つたが、彼等は更に暴行を加ふることなく、高利貸に責められ租税に苦しみ又地主の虐待に堪へられない旨訴へたから、自分は陳情の主意は解つた、取次ぎをしてやるから、多数集合は宜しくないと諭し、其場を引上げ直ちに原町田分署に急報した。此時許り自分は全く殺さるゝものと覚悟し、其場に臨むときは頗る気持ち悪かつたが、愈々集合の現場に到りし時は最早何とも思はぬ様になつて居た。暴徒の委員十人が後からゾロ〳〵自分に付き添ひ来り、中には後ろから自分を指差し、体は小さい警部だが度胸はある男だナアと私語しつゝあるのを耳にした位で、自分が無事に引上げ得たのは寧ろ不思議と思はるゝ位、状態切迫し居り将さに危機一髪と云ふ所であつた。

金玉均事件、馬場辰猪事件、加波山事件

明治十八年朝鮮の亡命客金玉均を抑留した。池運永なる者金玉均を暗殺すべき朝鮮政府の密旨を奉じ東京に来て居つた。当時金玉均は東京より横浜に亡命して来て居たが、時の政府は金玉均を小笠原島に

抑留せんとし、神奈川県に命じて拘禁せしめた。県庁にては三井物産の共集園を借り入れ、其共集園に拘禁した。尾崎行雄、犬養毅氏等非常に金玉均の為め尽力を為し、常に抑留所なる共集園に来て居つた。自分は此金玉均抑留に関する取締の任に当り、巡査数名を指揮して之が監視を為して居た。今自分の家に保存してある金玉均筆の額や掛物は、其時金氏が自分に呉れたものである。後金玉均を小笠原島に送ることゝなつたが、金玉均に附いて居る朝鮮人四名—柳赫魯、申応熙他二名—は金の衣服を抑へ或は手を執り足を持ちして、如何にしても金氏を動かさしめない。そこで自分は遂に巡査をして強力を以て執行せした《〔ママ〕》。之れが為め金玉均の衣服抔はズタ〱に破れた。其節犬養毅、尾崎行雄等来り共に乱暴を為せしも、自分は之を取押へ金玉均を馬車に乗せ、遂に波止場に送つて船に移し、小笠原島に送つたのである。

此年馬場辰猪、大石正巳の両氏は、突然横浜に来り四十八番モリソン商会に現はれ、窃かに**ダイナマイト**を買はんとせしことありしが、其時は兄高田弟高田と云ふ偽名で、四十八番の館主のモリソンに面会掛合しが、モリソンは之に応ぜず、遂に其国の領事を経て当時の外務大臣井上馨伯に密告した。そこで其事を神奈川県に通牒し来たが、其兄高田弟高田と云ふ偽名の主が何人なるや、如何にしても之を知る途がない。自分は種々考へて両人が来りたる日に出番たりし、横浜ステーションの車夫の取締を呼び、当時五拾円と云ふ金は大金なりしが、其五拾円を懸賞として其二名を乗せたる車夫を探し出すことを厳達したが、車夫は遂に其二名の人相並に横浜で四番館四十八番館弁天通日盛楼を廻りたることを申出でた。又一面には高等警察上使用せし人物の人相に照し、其兄高田弟高田と云ふ紳士の人相を東京にて取調べさせたるに、馬場辰猪、大石正巳両氏の人相に似寄りたることの報告があつたから、自分は車夫の印袢天腹掛股引を着け、其車夫二名を東京に同行し、陰に馬場大石両氏の寓居附近に張り番を為し、馬場大石両氏の外出の所を車夫に見せたるに、車夫は之に違ひないと云う証言であつたので、遂に之を捕縛した。同人等は当時の外務大臣井上馨、内務大臣山県有朋諸公を暗殺せんとの陰謀を抱きし趣にて、警視庁は之が取調べを為し遂に爆発物取締規則違犯として、之を裁判所に送致した。本件は有名なる事件にして馬場辰猪氏の伝記の中に自分の名前が書き出されてある位である。

同年加波山事件とて有名なる事件が起つた。茨城県下館に於て自由党員富松正安外十数名が、時の政府並に県令三島通庸氏の暴政を怒り、爆裂弾を製造し警察署分署を焼打ちし、警部巡査数名を殺し、遂に加波山に立籠もつた事がある。其後富松正安と玉水嘉一の両名は逃亡して横浜に来り、偽名してステーション前の旅館伊勢屋に泊つた。自分は之を探知し取り押へんとせしに遂に逃走した。其後種々苦心を為したが、玉水は東京にて爆裂弾を背負ひたる儘警視庁の手にて取押へられ、富松は千葉県に逃げ入りたることを探知したから、自分は千葉県に追跡して行き、当時同県の警部長たりし小林南八氏に話したが、小林氏は自分の話しを信ぜず、彼是論争せしも本人を押へた上にあらざれば、詮なく自分は帰県した。然るに二ケ月を経ちて後、富松は丸坊主となり法衣を着して出て来た所を、千葉県八幡分署に気の利いた巡査あり、写真と見較べて遂に逮捕した。此時小林南八氏は自分の事を言ひ囃やし頗る感服されたとの事を後で聞いた。富松は死刑に処せられた。後ち其富松氏の男伸三東に来り、自分を尋ねたる為め逓信省に入れやり世話せしが、遂に物にならず現今何処に居るや不明である。又玉水嘉一氏は剣術の先生抔して居り時々尋ね来りしゆへ、金銭抔を与へたることもあつた。

大阪事件、始めて大浦氏及や山県伯に知らる

同年又大阪に疑獄起つた。俗に大阪事件又は朝鮮事件とも云ふのが夫れである。大井憲太郎、小林楠雄両氏主となり、外数十名は朝鮮に押し渡り、朝鮮政府を転覆し延ひては日本政府をも転覆せんとの計画を為し、神奈川県よりは村野常右衛門、森久保作藏両氏外数十名関係し居りて、県下高座郡座間入谷村の役場に保管しありし、公金を小使を縛して強奪したる事件である。後に東京市本所区長となつた、霜島幸次郎と云ふ人の如きは、当時十七歳の少年であつたが、自由党の集会所向島柳島の有一館で爆弾を製造する時、鍛冶屋の向ふ槌を打つたものである。此等十二人は強盗殺人放火内乱外患に関する罪に依つて大阪の獄に連座するに至つたが、始め此事は当時の大阪府警部長たりし大浦兼武氏より、神奈川県に連類者あることを電報を以て申来り、誰れか高等警察の解る警部を大阪に出張させられ度き旨照会して来たのである。そこで自分は安達安民氏と共に大阪に到り、此事を聞取りしが、唯だ神奈川県に自由党員中数人の共犯者あると云ふのみで、其連類者が何人なるや少しも分らない。其時大浦警部長は此事を如何にして取調ぶるか、又非常に事件が面倒であるが何日位に之を探知し得るかと言はれたので、自分は帰県後二週間以内に之を捕縛し引渡すと云ふことを答へた。安達氏は迂ッかりした事を云ふとて非常に自分の答を咎めたが、自分は座間入谷村の強盗事件当時より常に注意を怠らず、其犯人物色中で

あつた為め十分成算あつて答へたと言ふたら、然らば如何にして之を探知し得るやと問ふ。それは何れ帰つてから御答へする旨を述べ、其頃東海道は汽車はなく、神戸横浜の間は汽船にて往復したので、横浜に帰つて自分は沖知事と田警部長と安達安民の三氏に向つて、目下賭博行政処分で十年の懲役になり居る高橋平助の罪を許して呉れゝば、必らず此の大阪連類の犯人を明かにすると云ふと、知事も警部長もそれは良からうと云ふことであつた。今から考へれば懲役十年に処せられた者を許すと云ふことは、思ひも寄らぬことであるが、当時は罪に処する方も頗る簡単なもので、賭博打ちの親分は多く行政処分を以て十年の懲役に処したものである。高橋平助は愛甲郡飯山村と云ふ所の者で、元は警察の探偵の下た使をして居た者で、賭博打の親分と云ふ程の者ではないが、随分幅を利かして居た者であつた。所が時の小田原警察署長野田養則なる人に私怨の為め睨まれ、遂に探偵の下使を罷められ其上懲役十年の処刑を受けて居た者であつた。此男は自由党員と平素親しく交際を為し、座間入谷の行動の如きも既に幾分知り居るとの事を、予て他から聞込み居りし故、自分は此事を献策した訳である。大阪で大浦警部長に期日まで約束したのも此の間の消息を知つて居るからであつた。幸ひ知事も警部長も同意であつた為め、自分は早速当時の探偵巡査にて高橋と最も親しかりし宮沢規利なる者を使用し、此事を言含めたるに宮沢は主任が御受合下さるならば、必ず高橋を連れ帰ると云ふた。主任とは自分を指したる事で当時配下の探偵は何れも自分を呼ぶに主任と言ふて居た。仍つて自分は高橋は今何れに居るかと問ふたら、仙台に隠れていると云ふので宮沢を仙台に差向けた。宮沢は仙台から電報で「高橋同行ス」と申し来たつた。尚ほ附け加へて云ふには詐つて横浜の牢に入れられる恐れを抱き横浜に来る事を承知しないから、貴官は東京まで出て来て高橋に会ふて、此事を言渡して頂き度いと云ふことであつた。自分は直ちに返電し承知したと云ふてやつた。着京の日には自分は芝の烏森の浜の家と云ふ待合の隣りに、小さな宿屋があつたから、夫れに出張して高橋に面会して此事を言渡したるに、高橋は十年の懲役を免《ゆ》るされると云ふことは、生涯忘れられませぬと云ふて懐中から短刀を取出し、それを自分の前に置きお誓ひ申しますと凄い顔付をして言ふた。それで自分はお前が誓ひをした以上は、私はお前が横浜に這入つて来ても決して捕縛はせぬ、今日より自由の行動を執り国事犯の名前を明かに申出よと言ふて金百円を渡した。高橋は非常に喜び如何しても其金は戴きませぬと言ひ返上した。自分は全力を尽して此事件の調べをすると言ふたら、此男元来義気に富む賭博打ちの親分流の者なりしゆゑ、奮つて一両日中に確報致しますと云ふた。後ち明治四十五年自分が神奈川県から木村省吾氏を衆議院議員の候補に立てたる時抔、少なからず尽力し、又大正六年神奈川県から自分が立候補した時も愛甲郡にて沢山の票を纏めて呉れたが、大正九年に遂に死去した。又此男は大阪事件後明治二十年迄更に探偵係として神奈川県で自分が使用したのであつた。サテ高橋はそれから二日目の夜横浜の自分の官舎に来たので其模様を尋ねしに、座間入谷に這入つた強盗は同村の自由党員で山本与七、菊田久米次〔三〕郎、大谷正夫、甲州の長坂喜作にして、其状を知り居る者は村野常右衛門、森久保作蔵、難波惣平、天野正立等で、霧〔霜〕島幸次郎は之に要する爆裂弾を製造せし者なりと申述べた。仍て自分は遂に座間入谷に出張し山本与七、菊田久米次郎を逮捕した。尚ほ家宅捜査を為し村野常右衛門、森久保作蔵、天野正立、難波惣平、霧〔霜〕島幸次郎、土方房次郎、土方篠三郎、長坂喜作他四名を逮捕した。然し神奈川県では村野氏外十一名を何れも国士として扱ひ、強盗殺人教唆なるに拘はらず、身体を拘束せず自由ならしめ、一人に付き巡査二名を附し自分指揮の下に、此人々を横浜より神戸行の汽船に乗せ護送して大阪に到り、大浦警部長に引渡した。其時大浦氏は自分の功を賞し金百円を与へられたので、之は随行の巡査一同に分配してやつた。後ち大浦氏は時の内務大臣山県有朋公に紹介せられ、自分は内務省にて山県内務大臣に面会した。其後大浦氏は島根県知事となられたことがあり、其時自分を出世せしめて島根県の保安課長に採用すると言はれた事があつたが、自分は曾て安達安民氏より受けたる教訓を思ひ直ちに断はつた。

座間入谷村役場では公金弐千百円余を強盗したが、当時の志士と云ふ者は実に立派な者で、大谷正夫、山本与七、菊田久米三郎氏抔は、鐚《びた》一文でも賍金に手を触れずして、大阪に行き新聞紙に包むだ儘之を磯山清兵衛に渡した。勿論旅費其他は自分で工面調達して凡て手弁当で働いたものである。其行ひは犯罪であるとしても何んと其心は美しいものではないか。然るに其当時大阪で賍金を受取つた磯山清兵衛、長坂喜作等は不都合のもので、磯山は大阪で遊び長坂は東京甲府抔で遊興に耽つたのが、本件発覚の端となり遂に大阪事件として世に喧伝せらるゝことになつたのである。大谷正夫と云ふ人には、過日（大正十三年七月）板垣伯の法要の席で会つたが、現今栗生武右衛門の商店に居るとの話であつた。

此年中川伝治君が郷里丹波で小学校教員をして居たのを罷めさせ、横浜に呼寄せ自分の書記とした。是は自分が始めて東京に出た時、中川保氏に世話になつたゆゑ、報恩の考へにて其二男たる伝治君を呼んだのである。中川君は永く自分に付き居り逓信省で高等官になり、青島郵便局長を最後に退官し、今丹波で楽隠居をして居る。

保安条例事件

明治十九年十二月二十五日保安条例が実施せられた。此は当時三大事件と称する条約改正其他の政治問題に付て、東京は非常に八ケ間しい事になりし為め、土佐より壮士数百名上り来り、東京にては之が処置に困り遂に保安条例なる法令を一夜作りに発布し、周知期間をも定めず即日施行した。其打合の為め近県警部長は内務省に召集を受けた。仍て田警部長は自分を引連れ、其前日たる十二月二十四日内務省に出頭した。そうして其翌日即ち明治十九年十二月二十五日突然発布実施となつた。今迄何等の準備もなく管下の警察署員等は何事も知らざるに、突如として此重大法規を急施するのであるから、一通りならぬ苦心を要した。殊に保安条例の目的とするのは、東京で持扱ひ兼ぬる土佐の自由党の壮士を追払ふに在るから、其流れは勢ひ直近の神奈川県に注ぎ来る次第である。此為め自分は十二月二十五日より翌二十年の一月七日迄二週間一睡もせず此事件の主任として鞅掌した。此時横浜に来りし土佐の壮士は八百余名であつた。其中には星亨氏あり尾崎行雄氏あり林有造氏あり竹内綱氏あり、そして宮地茂春氏は其壮士の重立ちたるもので、横浜に来り壮士俳優福井茂兵衛方に投宿した。福井の妻は横浜常盤町で芸妓屋をして居たから、其福井の二階に宮地氏は泊まりこんだのである。保安条例発布になつても片岡健吉氏外十四名は東京芝兼房町金虎館に居つて、同条例の施行に反対し京城三里以外に出でざりし為め、遂に石川島監獄に収監せられた。横浜に来た八百名の壮士は片岡外十四名を石川島監獄より救出す〔ママ〕為め、東京に押し寄せ来るとの情報頻々として警視庁の手に入り、又要路の大官を暗殺せんとすとの情報も屡々到るので、警視庁の驚愕は非常のもので、遂に憲兵を横浜に派遣するに至つた。神奈川県にては田警部長指揮官の下に横浜其他の警察署長は固より自分は殊に直接の主任として、巡査千六百名を使用し、退京者一人に付巡査二名を附し置き、連日連夜警戒を怠らなかつた。之が為め自分は二週間内一目も眠る暇なかつたのである。然るに退去志士の頭目宮地茂春氏は、前年土佐より帰り来たる時船中で懇意になり、大阪にて金百円を取られたる関係もあることゆゑ、一度面会の上退去志士仲間の真相を聞かんと、幸ひ福井茂兵衛は自分が心安き男ゆへ、茂兵衛を呼出し宮地氏に面会せんことを言ひしが、茂兵衛は驚き迚も宮地氏にはアナタが会ふ抔云ふことは出来ませんと云ふ。自分は宮地氏は実は知合である、然し今警部をして居る抔云ふては向ふが面会する気遣ひはないから、商館番頭として自分の名を云ふて会ふ手続きをして呉れと云ふと、茂兵衛元来如才なき男ゆゑ分りましたと、直ちに角帯と縞の羽織と当時は羅紗の前掛が流行して居たので、それを持つて来て掛けて呉れた。茂兵衛は書生役者丈けにサウ云ふことは誠に気の利いたことをして呉れた。さうして夜密かに茂兵衛宅に行き茂兵衛の妻君を頼み、宮地氏に面会を求めたるに、宮地氏は驚き居たる様子であつたが兎に角面会した。久し振りの挨拶を為したるに何をして居るかと問ひし故、自分は今横浜で商館番頭をして居り海産物商の番頭だと云ふたら、夫れは誠に結構なりとて前年の百円の話を仕掛けるから、自分は之を遮りさう云ふ話は更に聞く必要はない、アナタハ国家の為め斯う云ふことになつて、誠に気の毒であるから今日は見舞を持つて来たとて、金百円を出せしに、宮地氏は元来立派な人にて智慧のある人であつた故、何うしても取らうと言はなかつた。

然し宮地氏が大に貧乏であると云ふことは自分は能く承知して居つた。さうして此家では迚も色々の話が出来ないから、明晩根岸十二天の山の上に神様があるから、其所で会ふと云ふ故自分は承知して別れ、帰つてから色々考へるに是は宮地は自分が探偵の手先でもして居るかの如く思ひ、自分を尾曳き出して殺す積りだと思ふた。故に翌晩は約束通り根岸十二天の所に出て行つた。其時自分は配下の腕利きの探偵武藤勝豊、松浦重策、藤田信鋭の三人を密かに連れ行き、自分は**ピストル**を懐中し探偵は十二天の山の中腹木立の中に隠し置き、自分一人にて頂上に登りたるにエヘンと咳払をするものがある。此方も又エヘンと咳払を為すと宮地氏一人現はれ出でた。当時退去者には巡査二名宛附けてあつたから、自分は不思議に思ひ巡査が附いて居らぬかと問ふと、夕方暗紛れに根岸の入口で、巡査を紛《ま》いて来たと云ふた。夫れから神様の傍らに行き、自分は**ピストル**を袂に入れ掛り来れば直ちに発砲せんと用意し居たるに、更らに其様子もなく宮地氏は云ふ。他から段々聞いて見ると貴公は今警部をして居ると云ふが本当かと。自分は実はさうであると答へたら、前年の借金の御礼に貴公に功を建てさせると云ふ。仍つて退京者の挙動を聞くに、何れも決して入京はさせず、実は今人を東京に入れて旅費の金策をやらして居る。其人は決して他言して呉れてはならぬが、福沢諭吉先生と後藤象次郎伯〔二〕であると云ふことであつた。是にて自分は安神したと云ふのは、実は内務省より受け取りたる秘密書類中に福沢諭吉、後藤象次郎の二氏も非退去者中に其名を記載されてあつたので、今宮地氏の話と此の秘密書類の記載と符合するから安神をした訳である。そこで自分は決して君を被告人扱をさせないから、何うか将来自分の参考になるやうな事があつたら、福井茂兵衛を使つて知らして貰ひ度いと云ふ約束をして立ち別れた。下に待つて居た探偵三名は待たせる時分に、私は今晩重大なる用事にて或る人と会見はするが、其人が若し不都合の行為があればピストルを撃つから、ピストルが鳴つたら三人現はれて飛んで来いと云ふて置いたので、探偵は今か今かと待てど暮せどピストルの音が聞へない。暫らくして自分が現はれると、探偵は是で安神しまして結構ですが貴官の度胸には恐入つたと云つた。自分は三名の探偵を引連れ警察本署に帰りたるに、退去者の一人宮地茂春逃亡せりとて大騒ぎを為し居つた。自分は非常に可笑しかつたが掛り巡査を呼べと云ふ訳で、其巡査を呼付けて叱り飛ばし待罪書を取つて、そして其巡査に宮地茂春は金がない筈だから腹が空つて福井茂平衛の所に飯食ひに帰つて来るかも知れぬ、往つて見よと巡査をやつた所が、チャンと家に居たと帰つて復命したから、ソレは安神だとて待罪書は将来を戒めて返へしてやつた。

此の会見以来退京志士の真消息を握つてからの自分は、非常の確信を得、直ちに田警部長に残らず報告した。尤も大阪で宮地氏に金を出した話は一切しなかつた。之が為め如何に内務省や警察庁が狼狽しても、神奈川県では少しも騒がず、退去志士に対しても犯罪人扱は決してせず国士を以て遇したので、東京よりは多数の憲兵来り居りしも何れも手持無沙汰の体であつた。其後退去者は日一日と其数を減じ何れも土佐に帰る者が多く、全く宮地氏の言つた通りであつた。思へば曽つて転任旅費や帰国旅費、満年賜金まで虎の子の様にして残した金、それに国許で、些々やかな煙を立てゝ居た父迄も欺きて漸く纏めた百金を、ムザ〱宮地氏に使はれた時は、心中口惜しくもあつたのを、之を忍びあきらめて、何とも言はず大阪を立去つたが、此処で計らずも一粒万倍の果を結んで、国家の為め役に立つたのを見ては実に感慨無量であつた。夫れのみでなく其後自分の半生の運命は、基を之に発したとも言へる。後藤伯に愛せられ板垣伯に知られ、林有造氏に用ひられたのも、此の宮地氏の推挙があつたからである。宮地氏は若い血気に任せ一時人を欺瞞《ダマ》しはしたものゝ、根が立派な善人のこと故、斯く迄して自分に報ひたのであつた。

明治二十一年二月十一日憲法発布あり。横浜に残り居つた退去者四五十名は何れも特赦にて入京することを許された。其重なる人は星亨、竹内綱、宮地茂春諸氏であつた。此日森文部大臣、西野文太郎の為めに暗殺せられた。

田氏埼玉県へ左遷せしめらる

明治二十一年四月二十五日養父十兵衛は横浜にて死去された。其時自分は僅か十五円の警部であつたが、実に立派な葬式をして貰った。固より田警部長の御陰であつたが、横浜警察署より非番巡査百名許り出て、原田署長指揮の下に伊勢山官舎より程ヶ谷墓地まで会送して呉れた。全体横浜には久保山墓地があるが、不便の所ゆゑ先き〲の事を考へ、程ヶ谷が便利なる所から、之れに墓地を極めた訳である。

明治二十二年一月、田神奈川県警部長は、埼玉県警部長に左遷せしめられた、是は当時内務大臣山県伯の下に、芳川顕正氏は次官、清浦奎吾氏は警保局長、而して大浦兼武氏は同局次長をして居られたが。横浜遊廓高島町移転問題があつて、小前の貸座敷は命令通り直ちに仮宅なる長者町に移転したが、有名なる神風、岩亀二楼は芳川、清浦両氏に運動して二度迄も延期を願ひ、田警部長も二度迄は延期を聴き届けたが、三度目の命令を発する時は、予め内務省警保局に向ひ、さう度々命令が行はれなくては警察の威信に関するから、今度は御差止めは御免を蒙り度ひ、若し後に至り御差止めある様ならば始めから命令を出さぬ事にするが如何と談じたるに、内務省では今度は宜しい、仮令如何様の事あるも差止めがましい事はせぬとの言質を与へたので、三度目の命令を発すると果せる哉又々運動を起した。然し内務省としては前の言質があるから何んとも出来ないので、遂に田警部長を埼玉県に転任せしめたのであつた。随分不都合の次第だが如何とも致方ない。そこで自分も亦同年三月埼玉県に転任し同県警部となつた。時に年二十七歳、此時林明の妻になつて居る二女浜子が横浜で生れた。山本北洲君は田警部長の後任高橋警部長の専属警部として横浜に来り、事務引継を為した時より交を結んだ訳であつて、今日まで交際を続け居る人である。横浜や埼玉県で共に勤務せし人は、今では殆んどない、野口栄世氏一人位である。此の野口氏へは明治四十二年頃同氏の義気に依り大変世話になつた事がある。

自分は神奈川県奉職当時、即ち明治十六年十二月、月俸十二円の御用掛を拝命し、十八年十二月二十六日迄三カ年間、十二円の月俸にて一度の昇給もなさず、其儘に置かれた。之に就て同僚中より種々軽侮に近き事を言われたること少くなかつた、君は田さんと云う良き援《ひ》きを持つて居ながら、昇級の遅いのは詰まらぬではないか抔揶揄せられ、つひ不平を起すこともあつたが。さう云ふ度毎に安達安民氏の指導に依り、堪忍と云ふことを常に考へ其間何等不平を勃発せず、辛棒し通したのは全く安達氏の賜物であつた。尤も田さんは常に自分に対し不平を起さず辛棒せよと言はれ、探偵の主任であるゆゑ毎月十円づゝの手当を下げ渡された。その為め家計上少なからざる幸福を蒙つた。

来島恒喜の爆弾の行衛を探知す

明治二十二年四月来島恒喜は条約改正問題に憤慨し大隈外務大臣を暗殺せんとし、外務省正門に於て爆裂弾を投じ大隈伯の右の脚を傷けた。為めに条約改正は中止となつた。自分は埼玉県に在りて国事探偵より其犯人の系統並に爆弾の行衛等迄も聞込んだ。それに依れば此犯罪は九州玄洋社員と自由党員の間に企てられ、其爆裂弾は土佐に於て之を製造し、参個を土佐より持来りたるもので、内一個は来島に渡し大隈伯に投ぜられたが、残り二個の内一個は土佐の壮士に依り横浜戸部山の或る墓地に隠されあること、他の一個は大阪浪速橋の上より河中に投じたりと云ふのであつた。自分は此事を即時警視庁に情報した。其後自分は埼玉県高等警察主任として勤務して居つた為め、事件は其儘になつて居つたが、計らずも横浜戸部山の或る墓地で石碑の歪みを直さんとした所が、其石塔の下から爆発し遂に其石工は死んで仕舞つたと云ふことであつた。そこで警視庁では自分が前に情報したことが当つたと云ふので埼玉県警部長に依頼があつて自分は警視庁の嘱託と云ふことになり、大阪浪速橋下の**ダイナマイト**の行衛を調べることになつた。警視庁よりは柴山正勝と云ふ警視属が、自分と共に大阪に出張し、大凡一ヶ月も大阪に滞在して、天宝山沖まで地曳用の網を曳ひて色々調べたが、其**ダイナマイト**は遂に出なかつたので東京に帰つて来た。

後藤伯に知らる、次で田氏と共に逓信省に入る

其後後藤象次郎伯は入閣して逓信大臣となられた、而して伯の秘書に宮地茂春氏がなつた。宮地氏は元板垣伯の書生であつて、後其女婿となつた間柄で土佐人なるが、或種の事で板垣伯と仲が悪しくなり、後藤伯の世話になつて居る関係上、後藤伯の秘書となつた次第である。宮地氏が東京に出て来たのは大江卓氏の口入であつた。自分は宮地氏とは非常に親しくなり、度々浦和より出京しては宮地氏と会見して居た。或時宮地氏から自分に会見を申込んで来た。そこで東京に出て新橋の土橋に小山と云ふ待合があつた、其所で宮地氏と共に飯を喰つた。宮地氏曰く後藤伯は人才を広く集めたいと云ふて頻りに遣つて居られるが、田と云ふ人は逓信省に這入ると云ふことは出来ないかと言ふゆゑ、それは自分が是非頼みたいと思ふ、田氏が埼玉県に転任せしは実は左遷された訳で、普通の人ならば辞職すべき筈であるが、田氏は種々将来のことを考へて、不平を起す様な人でないから埼玉県に行つたが、此人は何うしても将来中央で身を立つべき人であると、自分は思ふから是非御尽力を願ふと云ふた。其後宮地氏より又手紙が来て兎に角後藤伯が、君に会ひたいと云ふ事であるから東京に来いと云ふので、自分は行つて始めて後藤伯に会ふた。所が後藤伯は頻りに自分に将来の希望などを問はれた。自分は其時分に後藤伯の専属になつて、大に中央で働いて見たいと思ふて居たから、其事を申出たら、後藤伯はソウかと言はれた。其頃の自分の考は誠に小さなもので、後藤伯に使はれ、さうして或時機に於て県の警部長にでもなれば足れりと思ふて居た。田氏は中央に出で終に県知事位になれば良いと自分は思ふて居た。田氏の母堂

長喜子《サキ》さんは賢母の聞え高き人であつたが、田氏神奈川県より埼玉県に転任の当時、自分に対してセメテ健治郎も行先き何処かの知事にでもなると結構だと云はれた事がある。そんな風で当時は田氏は行先き知事、自分は警部長位になりたいと思ひ、そこで後藤伯に田健治郎氏の逓信省に這入ることゝ、自分が後藤伯に附くことを頼むだ。後藤伯は快諾され、遂に明治二十三年の春二月、田氏と会見された。其時田氏は地方自治制施行の必要なる所以を説かれたるに対し、後藤伯は頗る感服され、直に時の総理大臣山県伯に田氏を逓信省に採ることを話されたら、山県伯は内務省でも非常に見込を以て居る男だから、逓信省にやることは出来ないと言はれた為め、一時沙汰止の姿となつて居た。然るに時の埼玉県知事は小松原英太郎氏であつて、小松原氏は田氏が中央に出たいと云ふならば、内務省でも世話をするから、来るべき第一回の総選挙でも仕舞つて貰ひたいと云ふことであつた。さうなると後藤伯も又是非採りたくなつたものと見へ、遂に山県伯の許に往つて、後藤伯が直談判して、田氏を逓信省の書記官に採られ、自分も続いて逓信属として後藤伯邸に勤務することゝなり、秘書官附属になつた。其時分今の台湾総督内田嘉吉氏は大学を出て来たものであつて、自分と同じく二十五円貰つて試補であつた。日本銀行総裁をした三島弥太郎子は当時逓信省の雇であつた。下村宏氏の親父に当る下村房次郎氏などは自分と机を共にして居た次第である。

明治二十三年第一回の帝国議会開会せられた。自分は秘書官附として大臣附属であるから、鞄を抱へて始めて帝国議会の門を通つた。其時年二十九歳である。

選挙大干渉にたづさはる

それより明治二十四年は、別段の事もなくして過ぎ、明治二十五年松方内閣の当時、衆議院は始めての解散に逢つて、俗に云ふ壬辰の選挙干渉とて非常なる大干渉をやつたことがある。其時分は陸奥宗光伯は農商務大臣で、後藤象次郎伯は逓信大臣であつた。或る日、陸奥、後藤両伯が自分を呼ばれて、お前は警部をして居て種々の事をやつたさうだが、選挙の干渉と云ふことが出来るか何うかと聞かれた。自分はやつて見ませうと答へたら、然らば全国で一番やかましい熊本、福岡、佐賀の三県に出張を命ずるから、思ふ存分に選挙の干渉をやれと言はれた。後藤伯は辞令の百本も渡して置くから、郵便局長で言ふことを聞かない奴は、即日に免職して仕舞へと言はれた。其時陸奥伯は自分に向つて、何う云ふやり方をするかと聞かれたが、自分は黙して考へて居たら、陸奥伯は己れが教へてやる、昼は郵便局に表向に出て行つて、通信事務に従事する者は、公平にやらなければならぬと云ふことを厳命し、夜分は台所口から郵便局長の家に這入り込み、苟も政府の職禄を食み居る以上は、其政府に対し忠実なる人を代議士に選ばなければならぬから、穏和党に賛成せよと命じろ。穏和党とは当時の政府党にて民党とは政府反対党のことである。若し穏和党に賛成すること出来ないならば、免職して仕舞え。賛成すると言へばお前一人でなく、親類縁者を語つて賛成するのであるぞと言へと、附け加えられた。そこで自分は承知しましたと言ふた。其日松方伯に後藤、陸奥両伯が用事があるから、電話を掛けろと後藤伯から言はれたが、自分は陸奥伯の来る前に、逓信省より高輪の後藤伯邸に帰り来る途中、松方伯が馬車にて外出せられ居るのを見受けた故、只今松方伯は御留守でありますと答へたれば、何うしてサウ云ふことを言ふかと問はれた。自分は只今芝山内にて、松方伯の馬車が宮城の方に向つて行くのを見ましたから、松方伯は留守でせうと云ふと、さうかと言はれた。翌日後藤伯より陸奥が貴様は余程気が利いて居るから、月給を昇げて外務省に採つてやると云ふが何うするとの事であつた。自分は即座にお断りしますと答へ、其理由は陸奥伯は如何思召あるか知りませぬが、私は英語も知らずご承知の通りの者でありまして、陸奥伯が買被られて私を採用すると仰しやつても、後で飽きられると困りますから之は御断はりする次第であります。閣下より宜しく御断はりを願ひますと頼んだ。後藤伯は貴様は己れの所に居て何になる積りかと問はれたゆゑ、前より考へて居た県の警部長位になれば良いとの考へが、第一議会に鞄持ちで行つてみたら、政治家になりたくなり行く〳〵は代議士にでもなり度いと思ひしゆゑ、其事を話したるに後藤伯は宜しい代議士に為りたいと云ふならば、金を拵へるには相場をやるとか鉱山をやる外に途はないと言はれた。そして相場や鉱山をやるなら、己れが蔭で見てやると言はれた。其時始めて自分は代議士になる心を起し、田健治郎氏は行く〳〵国務大臣にせなければならぬと云ふことを考へ出した。知事や警部長の望みが、後藤伯の一言により田氏は国務大臣自分は衆議院議員たることに望を変へたのである。さうして命令を受けた選挙干渉に出掛けたのであつた。九州三県に於ける選挙干渉は略ぼ其使命を果して帰つた。熊本県人吉《ひとよし》では東京から選挙干渉に来た役人が居るとて、自分の泊つた宿屋の前で自分の出て来るのを待伏せて居た民党の壮士があつたが、自分より一歩先きに出た何んでも学校の教員らしい人が間違へなれ〔ママ〕て殺された。可愛想に自分の身代りになつたのである。自分は裏口から脱けて夜中に拘はらず船で球磨川を下り熊本に逃げたことがあつた。此時三十一歳であつて、同県警部長は安楽兼道氏であつた。

其年臨時議会にて選挙干渉から大問題が起り、後藤伯と陸奥伯は内閣で辞職を相談して帰り、陸奥伯は約束通り辞表を呈出されたのに、何うしたのか、後藤伯は其約を破り辞表を出さない。為めに今の岡崎邦輔氏は当時長坂邦輔と云ひ居つたが陸奥伯の代理として後藤伯邸に屢々来られ自分は其取次をしたが、とう〳〵後藤伯は辞表を出さなかつた。為めに陸奥伯と後藤伯とは一時絶交せられたが、其後伊藤博文伯の仲裁で仲直りが出来た事があつた。

後藤伯から代議士になるには、鉱山か相場をやらなければ駄目だと言はれたことが、頗る自分を刺戟した一つとなつて、是より自分の一身に幾多の波瀾を捲起すに至つたのである。

後藤伯の勧めに従ひ事業に手を出して失敗す

後藤伯の一言に刺激された自分は、機会あらば鉱山か相場に手を出して一儲けせんと思ひ居る矢先き、明治廿五年の春、千葉県より石井千太郎氏自分を尋ね来り、私は郷里千葉県の市宿村にて醸《つく》り酒屋を営み、家には二万円程の財産がある。其内一万円丈は勝手に使つて宜いと養父が云ふが、何をしたら良からふかと云ふのである。自分は曾て千葉県に居た時、市宿村に行き石井氏に宿泊などしたことありて、石井氏の養父は知つて居つた故、自分は後藤伯から教へて貰つた通り、鉱山と相場をやるが良いと云ふことを話すと、石井氏は自分方に書生として置いて呉れ、又共に事業を為さふと云ふから、之を承知して第一に米の相場を始めた。第二に株の売買をやつた。是は自分は遣るのではなく皆石井氏をして遣らして見た。所が之が一回も当つた事がない。然るに翌廿六年の一月石井氏は、相場は駄目ですが鉱山は面白いと云ふ話を、岡山県の鉱夫頭で戸田勇と云ふ老人が来て種々教へて呉れました。遠州天龍川の川沼に立派な銅山があると云ふことです。是に手を附ければ立所に大金が儲かるから直にやらふと言ふ。自分も直ぐに同意して、二人で天龍川に行つて戸田の案内にて鉱山を見たるに、キラキラと光るものが沢山ある。遂に其山の見取図を自分が拵らへ、鉱山監督署に試掘願を出した。其時銅は斯ふ云ふことをすれば直ぐに分ると云ふことを聞いた。ソレハ銅の鉱石を採つて来て、七輪に火を起し其銅鉱を焼いて硫化を採つて、二つに割つて見ると分るとの事である。そこで其通りやつて、二つに割つて見たら果して中から小さな銅の塊りが出た。それから夢中になつてやつたが、後で聞けば其山は硫化鉱であつて、銅鉱ではなかつたと云ふことであつた。硫化がキラキラ光つたのを見て銅と思つたのである。然るに戸田は我々を引懸けんとし、其山を五拾円の手数料を出して出願し、二人の旅費が二十円ばかり掛つて、百円足らずの金が要つたが、それを直ぐに六百円に売つて来た。是は戸田勇に騙されたのである。それを基にして栃木県やら山梨県で、石井氏と二人で銅山を始めたが、遂に悉く失敗に帰《き》し、戸田に随分金を取られた。其為め自分は千八百円程の負債を負ひ、石井氏も三四千円の借金を為したのである。

夫れ以来非常に苦痛を感じて居る矢先き、英語の先生で元横浜の亜米三の番頭たりし、小泉敦と云ふ人があつて、夫れが種々の仕事を持込み来り、宮地茂春氏と共に西郷内務大臣の尽力で東京市の水道請負をやるとか、其の外色々の事を言出し種々の事業に手を出したる為め、宮地氏も大なる借金を為し、自分は益々失敗し、終には逓信省に居ることも出来なくなる程の負債を為し、明治廿七年九月逓信省を辞職することになつた。其時満年賜金を貰ふ筈なりしが、既に執達吏が其満年賜金を押へやふと覘つて居たから、岡部則光氏が骨を折つて呉れられて、逓信省の会計課長であつた、中橋徳五郎氏の心配に依り、満年賜金の辞令を貰ふ前に、其賜金を受取つて仕舞つた。

辞職後の窮状

辞職後は為すこともなく、宮地茂春氏の食客となり、俗に云ふ彼是屋を始めた。所が仕事が一つも当らず、益々借金は増へるし執達吏は来る。仕方なく芝神明町の住居《すまゐ》を夜逃同様の姿で引払った。此神明町の住宅は今の内田信也氏の父君の持家で、当時内田信也君は十歳位の悪戯盛《いたづらざかり》で能く近所を騒がしたものであつた。そこを引払ふて芝仙台屋敷の西一番地に、二畳と四畳三畳の三間《ま》ある家を、一ケ月家賃壱円五拾銭で借りて、家族六人連《つれ》で引移つた。家族の中養母と実母それに姉今井イクの三人は、兵隊のシャツ縫ひなどを仕て居た。恰《ちよう》ど日清戦争の始まりの時で、非常にシャツの縫い物が流行《はや》つたものだが、三人で一日一生懸命に稼いでも、二十銭から三十銭の日当にしか為らなかつた。自分の養母スミと云ふ人は、郷里でも有名な確《しつか》り者であつた由で、脱俗した所のある人であつた。自分や石井千太郎君が多額の借金に悩んで居た時、養母は常に自分や石井君を慰め人は決して喜怒哀楽を顔に顕はすものでない、貧乏であらふが借金があらふが、決して苦にすることはない、悪い事さへせずに居れば七転び八起きとて、又喜ぶべき時の来るものだ。借財の為め苦んで、その為め奮発が出来ぬ様では、到底成功するものでないと、何時も激励したものである。之れは後ち石井氏が金を儲けた時、此事を追想して能く物語つた次第である。斯様な次第で自分は其当時の事であり、借りた額《たか》は多くもなかつたが、東京市の高利貸と云ふ高利貸は殆んど知らぬ者はない位に能く借りた。当時中川一郎、伝治の兄弟両氏は頗る同情して、種々なる世話を焼いて呉れた。茲に一つ面白い話がある。

芝神明町に居た頃、執達吏が来ると云ふので、家族六人分の夏の衣物を昔しの葛籠《つづら》に入れて、麻布長坂に在つた旧藩主織田子爵家の、家扶菊沢氏に預けて置いたものである。所が仙旧〔ママ〕屋敷へ引越してから、追々時候の変り目となり夏物が要る様になつたので、中川一郎君がそれを取りに行き、往来の人力車を頼み其葛籠を織田邸から持出した。中川と云ふ男は頗る正直な人であつたので、長坂から車に載せて持つて来る途中、執達吏に見附かりはせぬかと心配し、オド〱した態度であるのを、性《たち》の悪い車夫であつたと見え、忽ち之を悪く取り、途中で中川君を嚇かし、此荷物は大変な物だ。中に這入つて居るのはオ妾さんで何ふかしたではないか抔、サン〱嫌味を言つた。惟ふに此葛籠の中が木綿物で重くてガタ〱するので、テツキリ是は御殿で妾でも殺し、死体を葛籠に入れて夜陰に乗じ、御邸を持出すものに相違ないと睨んで、斯く嫌味を言ふたのであらふ。それに中川君は仙台屋敷の自分宅の附近まで来ると、心配して車屋を遠い所に留め、自分で葛籠を担ひで、四辺《あたり》は固より家内の様子に気を配りながら、恐る〱持込む所を、始めから変だと睨んで後から附けて来た車夫は見届けて、キツトなり五十銭と極めて置いた車賃を五円呉れと言ひ出した。自分宅では不都合な物はないけれど、執達吏が恐《こ》はさに女共は心配して終《しま》ひには車夫に五円やらふと思ふたが、其五円の金はなし非常に苦心した末、中川氏が知恵袋を絞つて葛籠を開き、衣類を見せて笑ひ話となり、五円の強請は一円で事済みとなつたと云ふ。面白い話である。（筆者曰此の車夫随分創造を逞ふするが、多分三遊派の怪談話宗悦殺しでも聞いて居た者と見える）

意を決して朝鮮に渡る

其時自分は此有様で行けば、遂には身を亡ぼすの外はないと思ひ、一月四日日清戦争を当てに、朝鮮に出て行くことを案出した。当時芝の三田四国町に育種場と云ふ、種物屋がありて其社長に水口兵次郎と云ふ人があつたが、仕事の関係から知り合ひになつて居た。其水口氏は朝鮮にて何か一つ仕事が仕たいから、朝鮮に農事試験場を設ける計画をしやふではないかと言ひ出した。所で幸ひ朝鮮に帰り居る朴永孝氏は、自分が神奈川県で金玉均抑留当時心安くなつて居た、然るに朴氏は其頃朝鮮の内務大臣になつて居つた故、之を尋ねんと思ひ、又農商務省農務局長をして居る藤田四郎氏は、以前自分が逓信省に居た頃の逓信大臣秘書官であつた関係から、其藤田氏に添書を貰つて、朝鮮政府顧問の斎藤修一郎氏を尋ねて行けば、何か仕事があるだらうと云ふことを話したら、水口氏も大に賛成し直ぐ行かうと言ふた。自分は家族六人を抱へて居た故、十五円の月給を出すこと、其十五円は東京で家族に渡すこと、又自分の費用は一切君の方で持てと云ふたら、水口氏は快諾した。留守中の事は中川氏兄弟に托して東京を出た。此時の同行者に原亮三郎氏の義弟山中閑氏と、後ち欧州戦争当時の成金にて、大に豪奢を極めた中村精七郎氏と都合四名であつて、共に行くことに決めたが、中村、山中両氏は金はあるが、水口氏と自分は一文も金はない。当時自分の宿所の宮地茂春氏方へ嚢の執達吏が来たことがある。其時自分の大きな行李の中には、古褌が五六本古足袋が二三足あつた丈けであると云ふ始末であつた。水口氏は大阪で金策すると云ふ訳で、水口氏と自分と二人が大阪に出て二週間も大阪に居たが遂に金は一文も出来ない。不得已山中氏を当にして大阪の南の老芸妓で高木テルと云ふ婆さんより百円を借り出し、船に乗つて朝鮮に行つた。朝鮮に行くと自分と水口氏の二人で、斎藤修一郎氏を公使館に訪ひ種々相談したるに、斎藤氏は大賛成にて何か仕事を見附けてやるから居れと云ふことで、京城「チンコウカイ」に日本間にして三畳敷位の所を借りた。其所は幸ひに**オンドル**（朝鮮の暖房装置）の附いて居る所で、そして親爺は軍に附いて往つて不在であり、女房は他の三畳敷の一間を有つて居る家で、其女房は朝鮮語を自由に操る女であつた。始め山中氏と中村氏は別の家に居たが、寒さに耐へ兼ねて、**オンドル**のある我々の方へやつて来て、三畳敷に四人で住ふことになつた。水口氏も自分も始めから持合せは少なかつたが、遂に愈々一文なしとなつて、始終山中氏に賄ひをさして居た。終には一個二銭五厘の**ヒーロー**と云ふ煙草も、買ふことが出来ないことになつて困つて居た所へ、東京から電報来り、東京板垣伯方宮地茂春氏より直ぐに帰れと云ふことであつた。前にも話した通り宮地氏は板垣伯の婿であるが、一時板垣伯とは絶交して居たけれども、仲裁するものがあり板垣伯と元の通りになり、板垣家の世話をするやうになつたのである。其宮地氏より電報で金弐百円を送り越した。それは神奈川の海面埋立を宮地氏が企て板垣伯之に賛成し、土佐の別家山内豊尹子が、之に出資することになつた。自分を呼んだのは当時神奈川県神奈川町の在る、橘樹郡の郡長をして居る安達安民氏が自分と仲が良いと云ふことを、宮地氏が知つて居つたので、神奈川県の埋立地の許可を受けるに便利な為め、帰れと云ふて寄越したしたのであつた。そこで自分は水口氏に五拾円の金を渡し、水口氏其他と別れ帰京することゝなつた。朝鮮では貧乏をして居つたが、今の京城南大門停車場の敷地一帯は、其時水口氏と自分とが朝鮮政府より、拝借して居た土地である。是は明治二十八年二月であつた。

神奈川埋立を計画す

そこで帰京すると宮地茂春氏は待居られ板垣伯に面会した。尤も自分は明治二十六年に後藤象次郎伯の紹介で板垣伯には面識があつた。委細の話を伯から聞取り、自分は神奈川埋立事件に尽力する旨を誓つたので、山ノ内家からは一ケ月金五拾円の給料を呉るゝことゝなり、尚ほ東京に在る負債二千五百円は、山内家より貰つて返済を了し、茲に始めて愁眉を開くを得た次第である。そこで仙台屋敷の家は、其住ひより南の方四軒目の角に在る、一ケ月家賃七円の家に這入ることも出来る様になつた。自分は安達安民氏と屢々交渉を重ね、遂に埋立地の許可を得るの順序となつた。然るに惜しいかな其年六月宮地茂春氏は死去された。神奈川町に於ては深沢立三と云ふ人、之に関係し専ら此埋立工事に奔走をした。

尚ほ自分は神奈川砲台の払下を計画し、別に長野県の多額納税者山田藤左衛門、小坂順之〔善〕助氏（今の小坂順造氏の父）と共に神奈川町子安の埋立を計画した。今日の守屋此助氏が持つて居る埋立地は是れである。其後安達郡長は死去した。同氏は神奈川県警部より八王子の郡長となり、その後神奈川の郡長となりしのみで、其性格の立派にして人間学に通じて居たる割合には、余り出世もせず不遇にて死んだ。氏は大に貧乏を為し居りしゆゑ、自分は同家の為め大に力を尽し、葬式万端から同氏の負債の代償をも為し、力の及ぶ限り同家の為め救助金を出した。此は前にも一寸述べた通りである。

明治二十九年に今駒越哲貞の妻である愛子、仙台屋敷で生れた。其年二月再び逓信省に入り通信局勤務の属官をやつた。神奈川埋立地の世話などは、当時の通信局長田健治郎氏の諒解の下に、不相変遣つて居つた、其時の給料は四拾円で年は三十五歳であつた。

然るに前にも云ふ如く、自分は役人としてやり上げる考は何うしてもなく、議員となり政治家となつて見たい考を持つて居た為め、不相変内証で種々なる事業に手を出し、其為め又復負債を起し大に困つたが、前のやうな貧乏ではなかつた。此時は今豊橋に居住して居る戸倉能利君や、死んだ塩島節君、鈴木徳松君抔に世話になつた。其年の暮から三十年の始めに掛け、頻りに板垣伯より政党に這入るやう勧められた。所が三十年の九月になつて埋立地のことが忙しくなつたのと、何うしても官吏となり属官などをして居ては、先きの見据へが立たぬと思ふた故、遂に自ら願ひ出で、三十年九月非職となつた。

逓信大臣秘書官となる、星享〔亨〕氏別邸にて始めて横田千之助氏と会す。

明治三十一年六月、自由党と改進党とは合同して憲政党を作つた、即ち大隈伯と板垣伯とが手を握つた訳である。それが為め自分は前に板垣伯の勧めもあり憲政党に入党した。所で伊藤内閣が尻尾を出して、其年の七月に憲政党内閣が出来た、これは大隈、板垣両伯が前に二三回伊藤侯と会見したことがある、その為め伊藤侯は辞表を呈出して、後継者に板隈両伯を内薦せられ、遂に大命は両伯に降下し、大隈伯総理大臣となり板垣伯は内務大臣となつたのである。其時板垣伯より自分に内務大臣秘書官になれとの話があつたが、此際は猟官運動非常に熾烈を極め、遂に内務省は斎藤珪次氏が板垣伯の秘書官となり、自分は板垣伯の口入にて林有造氏の秘書官となり逓信省に這入ることゝなつた。其時三十七歳である。

逓信省は林有造大臣の下に箕浦勝人氏次官となり、伊藤大八氏勅任参事官となつた。田逓信次官は林大臣が熱心に其留任を希望したけれど、党人の猟官熱盛なりし為め、人繰りの都合上遂に辞職された。自分は大臣次官勅参の三氏から逓信省を思ひ切り改革するの命を受けたので、大に改革を試みんとしたが。憲政党内に自由改進二系の内訌を生じ、同年十一月尾崎文部大臣が共和演説に祟られ辞職したので、其後任に付て紛擾を来し、大隈総理が犬養毅氏を文部大臣の後任に採つた為め、遂に破裂して内閣は辞職を為し。憲政党は分裂し、自由党系は本部を乗取つて依然憲政党と称したが、改進党系は憲政本党となつた。此時自分は星先生や伊藤大八改野耕三氏等の指揮を受け、分離の事に働き辞職後も憲政党院外団となつて大に党の為め奔走した、是れが自分が政党の為めに尽した最初で政治運動の始まりである。

伊藤内閣の倒るゝ前、自分が曾て世話になつた小林南八氏が、田氏の世話で佐賀県警部長から札幌郵便局長に転任することになつて居つたが、内閣更迭の為め田氏は逓信次官を罷められたので、小林氏は大に心配をして居た。自分は曾て千葉県で世話になつた故、必ず尽力すると受合ひ大に後援を為し、罷めてからも同氏の為め大に尽す所あつた。

逓信省に秘書官として這入りたる時は、当時自分の経歴としては異数の抜擢であつた為め、同僚其他全く衆目を驚かした観があつた。殊に郷里や千葉県では大なる同情を受け、郷里や妻の郷里の千葉県では、祝賀会など行つて呉《や》れた。

此年星先生の母堂病気に罹られた、自分は林有造氏の代理として、府下調布村なる星先生の母堂の家に見舞に行つた事がある。偶々横田千之助氏同邸にありて、自分は始めて横田氏と会談した、其時自分は横田氏の人物が普通の書生と異り、宮地茂春氏に対すると相似たる印象を得たのである。自分は今から如斯人と交際して置けば、将来必ず大成すべき人なるゆゑ、行く〴〵事を共にせんと思ひ、それ以来心を傾けて交際を結び、時を経るに従つて交りは堅くなり、以て今日に及んだのである。

始めて弐万金を握る

此頃神奈川の埋立地は漸く許可を得て、事業に着手することになつた。その報酬として山内家より、埋立地の中三千坪の権利を貰ひ居りしに依り、此三千坪の権利を神奈川町の佐伯藤之助と云ふ人に金弐万円にて売却した。今の小田原の邸宅を拵へたのは此金である、当時借金も漸く返へし、地所を買ふたり家を建てたりしたが、金は僅か五千円位で地所も家も出来たと思ふ。是は明治三十二年の事である。其年の八月頃家族は全部小田原に移し、自分は築地三丁目十五番地に借家し男世帯を持つた。代議士植木致一氏を始め鈴木徳松氏や高浦要の兄弟、小沢貞輔、須佐美雄蔵抔大勢寄食して居た。須佐美君は最初飯焚をやる約束で来たが、直ぐ病気になり已むを得ず自分が飯焚をやることゝなつた。或日のこと久原房之助氏が突如訪ねて来られた。此は土田良子を久原氏の令兄田村市郎氏の嫁に欲しいとて其聞合に来られたのである。其時自分は飯焚の真最中で夏のことであり。全裸《まるはだか》で玄関に出て見ると、久原氏は主人に会いたいと言はれ、主人は私ですと答へたのには久原氏聊か驚かれた模様であつた。其時から久原氏とは別懇にして居る。

此年二男源吉が生れた。源吉と云ふ名は板垣伯が命名して呉れられた。翌三十三年、三九郎生る、是は大久保夏に養子にやつたが、年十九歳で大正七年に死去した。同人は麻布中学校に通ひ、時の校長江原素六翁は同人を頗る出来が良いとて将来に見込を嘱して居られたが、卒業間際に死んだ為め、江原校長は自ら態々卒業証書を持ち来られ仏前に供せられ、大に之を惜しまれた。

政友会内閣成り自分は農相秘書官となる

明治三十三年憲政党は板垣伯に対し種々なる不平出で、遂に解党すること丶なり、伊藤博文侯に依りて新たに立憲政友会を組織せられた。其年十月に政友会内閣組織せられ、林有造氏農商務大臣となられしに依り、再び林氏より秘書官たるべき交渉を受け、自分は承諾農商務大臣秘書官となつた。自分は其時林氏に農商務次官は今関西鉄道の社長をして居る、田健治郎氏では如何と言へば、林氏は此事は同感であるが、伊藤侯は星君の事を余程心配されたと見えて、星君に対し親任式の済みたる後直ちに、君の所の次官は田健治郎と云ふ者が良いと言はれたことがあるゆゑ、田君は逓信省に行くべき筈じやと言はれ、必ず星君より田氏に交渉あるならんとの事であつた。果して其後星氏は林氏を通じ、自分に会ひたいとのこと故、星氏を訪ひしに田氏次官の話あり、遂に田氏は関西鉄道会社々長を辞して、星氏の下に逓信次官となられたる次第である。然るに星氏は逓信大臣たること二ケ月にして、遂に辞職の已むを得ざるに至り、同氏は辞職せられた。其時田次官も大臣と共に辞表を呈せらる丶覚悟なりしが、星氏の後任が原敬氏であつて、原氏は逓信大臣に親任せらる丶や、直ぐに自分を芝公園の邸に呼ばれ、田氏は星君同様に自分の次官をやつて呉れるだろふか、実は自分は今回始めて大臣となりし故、逓信省の事務に通暁せる田氏に、是非次官として居て貰ひたいと考ふるが、君田氏に交渉して呉れないかと云ふことであつた。自分は田氏は大臣がツマラヌ人であれば、辞職するであらふが、星さんの後を閣下がやらる丶事ゆゑ留任されるでしやう。直接に御話をなさるが良いと云ひしが、原氏は若しも自分が話をして、田氏が否と云ふ様な場合があつては、双方面白くないから、君田氏を尋ね交渉して呉れと言はる。そこで自分は田氏を訪ね原氏の話を為したるに、田氏は原君ならば自分もやる考へゆゑ、原君が居て呉れと云ふ事なら、少しも異議はない其儘に居ると答へられた。其旨原氏に報じたるに、其翌日原氏は田氏と会見し其儘留任と決した次第である。明治三十四年六月政友会内閣は渡辺大蔵大臣の消極政策に禍せられ、遂に瓦解の已むを得ざるに至つた、自分も亦辞職した、此時四十歳である。

星氏田氏を代議士に推さる

同年六月十八日星氏より自分に会ひたいから来て呉れと云ふことで、自分は星氏の邸を訪ねた。所が星氏の言はるゝには、田と云ふ男は実に立派な男であつて、僅かの間己れの次官をしたが、此男は将来見込ある故、直ちに衆議院議員となつて貰つて、政務委員（今の政党総務）にしたいと思ふ。君の国の植木致一と云ふ男は、古い自由党員だが、君の親類と聞いて居るから之を辞職せしめて、田を補欠に出しては呉れないかと言はる。自分は直ちに賛成して田氏の所に行き此話を為したるに、田氏は議員をやる事は差支ないが、来年は改選期であり殊に大選挙区制が実施せらるゝことゆゑ、此期丈けを植木にやらして置きたい、無理に人を罷めさせることは好まぬと言はる。其時自分は夫れは何んでもないと思ふ、貴下《あなた》へは御気の毒であるが、弐千円の歳費を唯だ植木にやるとして、詮《ツ》まり只で議員をやつて呉れませぬか。さうすれば植木は東京に出て来ず、国に居て弐千円貰えるから、是で植木家の建増してもさせて妻君に商売をやらすれば、植木の為め結構であり国家の為めなると云ふた。其時分植木氏は国で妻君に旅人宿をやらして居た。それ故自分は考へたのである。田氏は君がさう云ふ考へならば、それは御任せすると云ふことであつた。直ちに星氏を訪ひ田氏の話と自分の考へを話したるに、星氏は植木が決心して罷めると言へば誠に結構であるからと言はれ、斎藤秘書に命じて植木の将来は星が引受くると云ふ植木氏宛の書面を認めさせ、星氏自からサインをされて之を自分に渡された。仍つて自分は翌十九日東京を発し、神戸に向つた、予て国の方へは打合の電報を発し置いたので、二十日には神戸西常盤に氷上郡有志小谷広治、中島七右衛門、谷垣芳太郎、土居一郎氏等と植木氏とを呼び集めることが出来て、自分は其席上此事を話し星氏の書面を植木氏に渡した所、何れも大賛成であつた。当時自分は埋立地で金も有つて居たから、有志には札《さつ》びらを切り、大に馳走をしたるに何れも大賛成で、田氏を推立てることを申述べたので、翌廿一日植木氏をして衆議院議員の辞表を書かせ、書留郵便を以て片岡議長宛に差出さしめた。其使の未だ帰らざる内、神戸の新聞が自分が神戸に行つて居ると云ふことを書いて居つたとかで、当時の神戸郵便局長町田重備氏から自分に電話が掛つた。その電話に出て見ると、只今東京にて星氏がやられたと云ふ電報が、続々参ります一寸御知らせするとのことであつた。自分は当時星氏がやられたと云ふのは、当時森久保作蔵氏が市会議員として瀆職罪で入監して居たが、是れに星氏が連座して牢に入れられたものと思ひ、余り大して頓着もせなかつた為め、其時西常盤の奥で酒を飲んで居た連中には何も言はなかつた。然るに先程の書留郵便の使が帰ると同時に、又郵便局長より電話が掛り、先刻申上げた星氏は伊庭想太郎と云ふ者の為めに、東京市役所にて刺し殺されたと云ふことである。自分は大に驚き夫れは公報かと問ひたるに、県知事に宛てた公報であると云ふから、驚いて座敷に帰りその事を報告したるに、一同何れも呆然として暫らくは誰れも言葉を発する者がない。植木氏は書留郵便の受取りと星先生の手紙を持ちて、声を上げて泣くばかりであつた。さうして植木氏の言ふには星氏が殺された以上は、議員を罷めることは否やだと云ふのである。自分はそれは一応尤もの様なれども、既に書留郵便を以て辞職した以上は、再び之を取戻すと云ふことは、男子として有るまじき事で恥かしくはなきや、此事は余程考ふべきだと言ふた。居合せた有志は松本氏の云ふことは尤もである、是からは星氏の代りに田氏を出して、大に政友会の拡張をしなければならぬと云ふて、有志一同自分の言ふことに賛成して仕舞つた為め、遂に植木氏も承諾した。其時植木氏は自分を別室に招ぎて言ふには、斯うなつた以上は仕方がない、自分の処に今年中学校を出た靖雄と云ふ息子がある、君請合つて人間にして呉れないかと言ひしに依り。宜しい請合つたと言ふて其靖雄を東京に連れ帰り、自分宅に書生として置き、慶応義塾に通はせ、卒業の上鐘ヶ淵紡績会社に入れ、其後京都に行き立派の者となつた。源吉の幼少の頃最も愛し呉れた人であつた、其後同人は大正元年頃遂に死去して仕舞つた、実に惜しき人物であつた。却説、さうして神戸では直に諏訪山下の東福寺と云ふ所に行き、星先生の為め追悼会を開いた。植木氏の辞職後直ちに補欠選挙となり、自分は国に帰り一身に引受けて田氏を衆議院議員として議会に送つた。此時氷上郡にて有志の寄合ひたる際、船城村の村長にて佐々木雅司と云ふ人、自分の前に来り。貴下《アナタ》は御忘れでしやうと思ひますが、私は昔し黒井小学校で貴下の教育を受けたことがあります。其時分貴下は二十銭の空豆と勝栗の代を払ふことが出来ない為め、逃げて行かれた事があるでしやう、その金は当時私が弁償して置いたと笑つた。自分は早速其事を思ひ出し、懐旧の情に堪へず大に感謝せしに、其佐々木氏や谷垣芳太郎氏抔は、口を極めて松本君は二十銭の借金をして逃げた男だが、遂に内閣大臣の秘書官をやらるゝ迄出世せられたのは、立派な者だと非常に喜んで胴上げをして呉れた。其翌日前にも一寸話した通り、自分は佐々木氏を其村に訪ひ、反物に金弐拾円を添へて礼を言ふた、佐々木氏も喜んで其の金で何か紀念品を買ふと言はれた次第である。

田氏代議士となつて大波瀾を捲起す所謂浜の家事件

田氏は当選して、第十八議会に政友会の代議士として臨むことになつた。全体田氏が議員となられたのは、前にも言ふた通り星先生の考が政務委員（今の総務）とする積りであつた為め、星氏暗殺せられ、田氏衆議院議員となられた時は、政友会の人は余り喜ばなかつたやうである。それはどう云ふ訳かと云ふと、田氏の力は大凡見て居るゆゑ、或る人達から見れば、厄介者が飛込んで来た位に見えたのである、是は党閥の為めである、党閥の弊も此に至つて驚くの外はない。そこで田氏は政務委員にならないで、直ちに政務調査会長と云ふ役になられた訳である、さうして予算の取調べをした。所が此時は桂内閣であつたが、抑も伊藤侯が辞職をしたのは決して任意の辞職でなく、已むを得ず辞職したのであるから、後を桂の様な少壮者にやらせると云ふことは頗る不快であつた。それが為め伊藤侯は直ぐに外遊の途に上つた、其洋行する時に伊東巳代治男に言ひ含め、此内閣は存分苦めてやることは良いが、止めを刺す事だけは自分の居らない内は、することはならぬと言はれた（止めを刺すとは辞職せしむるの意）。此時政友会では予算に対し大削減を加へることになつた為め、桂首相は大に困り政友会と妥協と云ふことになつた。所が其時政友会に七名の政務委員があつて、其中松田正久、尾崎行雄氏等は最も硬派で、政府を倒さんとする決心を持つて居た。原敬氏も政務委員ではあるが其時分一番尾りの政務委員であつて、口を利くことも自由に出来ざる有様で、政府との妥協は中々六つかしい状態であつた。或る日伊東巳代治男は田氏を招き、伊藤侯が洋行する時の話をされた、そこで田氏は然らば一番此処で国家の為に尽力すると云ふ考へを起し。〔ママ〕自分も院外団として奔走して居た時であるから、自分からも田氏に献策して政府を虐《イヂ》め、一方政友会の硬派連を困らせやうと云ふことになり、幸ひ鉄道国有論がある所から、之を利用して議員を集めるが、一番良いと云ふことであつた。田氏は其事を尤もとし賛成された。当時鉄道国有の最も熱心なる論者は、板垣伯、林有造氏等にて、その下に井上角五郎氏抔ありし為め、井上を金主として、そう云ふことに奔走の名人たる、重野謙次郎と云ふ議員を呼びて奔走役とし、浜の家に陣を張り大に同志を叫合したるに、鉄道国有に賛成せし議員八十四人、其当時の政友会所属議員は百二十人であつたので、既に過半数を占めたと云ふので大に勇んで、同気倶楽部を借り鉄道国有講演会を開いた。田氏は鉄道のことが最も詳しい所から、田氏が講演することとなり、年長者佐藤昌蔵氏を座長に推し、遂に鉄道国有を政府に迫るの決議を為したのである。是は鉄道国有を政府に迫り、之を容れしむる代りに予算を通してやると云ふ考へであつた。所が八十四名も寄り集り、何ふかせば連袂脱党も仕兼まじき形勢となつた為め、政友会の幹部は大に喫驚して、其夜筆頭政務委員松田正久、尾崎行雄の両氏浜の家に来り、僅かの行違ひより斯様のことになり実に残念である、諸君が政府と妥協せよと云ふなら、自分共は妥協でも何んでもするから、是非皆な政友会に帰つて呉れと云ふことであつたので、其場で快く懇親会を開き、一同政友会に立戻り政府と妥協することゝなり、又鉄道国有を行ふ約束を政府と為すことに極め一同引取つた。然るに其晩の夜明けの三時に、意外にも田健治郎、井上角五郎、重野謙次郎の三氏は除名せられた。是れ即ち浜の家事件とて当時有名なものであつた。此事件に関し洋行中の伊藤侯へ伊東男並に松田正久氏が申送りたる書翰が近時偶々自分の手に入り現に自分宅に保存してある。後原敬氏首相となられたる時、此除名一件を聞きたるに、当時の政務委員中除名に反対せしものは、原敬、林有造の二氏だけで、金子堅太郎、末松謙澄、松田正久、尾崎行雄、本多政以男の五名は、田氏に快からざる人なりし故、多数を以て除名に決したとの事である。

板垣伯及林有造氏の旨を受けて新自由党を計画す

此事ありし為め、自分は後遂に政友会を脱会し、新たに新自由党の創立を計画するに至つた。当時自分共に賛成した人で、現に残つて居る人を算ふれば、武藤金吉、山口熊野、田村順之助、藻寄鉄五郎等で外十数名あつたが或は死んで仕舞つたり或は議員抔に出て来ない人が多い。此外院外団三十余名政友会を脱会した、それから新自由党を組織せんと板垣伯に種々教を乞ひ、新自由党組織に熱中しつゝある内、石井千太郎氏の経営しつゝあつた、甲州の宝銅山が、三菱に売れて自分も金が出来、大に活動した、此話は後で詳しく語る。

明治三十五年十二月妻サク死去した。サクの実兄江尻延太郎氏は旧自由党員で頗る気丈の者であつたが、サクの死を聞いて千葉県より出て来り、自分に向つて云ふには、妹サクの死したることは決して悲しく思はぬ、実は今日まで口外せざりしが、曾て君が逓信大臣や農商務大臣の秘書官となりし時は、元来妹は頗る気の利かぬ―百姓の娘で、巡査時代に嫁したる者なれば、必ず戻されるものと思ひ、江尻宅や親戚中で其噂をして居つたが、そんな事は更になく、今日まで不束かな者を置いて貰つた事は、全く感謝の外はないと云ふのである。其時自分は所謂糟糠の妻と云ふが、曾て之に関し横浜で安達安民と云ふ人の教へを受け、それを服膺して来たのである。サクは両親及び実母にまで能く孝養を尽し、自分にも能く事へて呉れたことに付ては、感心して居ると答へた。明治三十六年四月三輪田真佐子の実子恭を、後妻として田健治郎氏夫妻の仲人にて貰ひ受けた。当時は源吉幼少の頃なりしが、能く世話を為し、サク同様実養母に対し立派に孝養を尽し呉れた。殊に両母の絶命の時の如き全く身を忘れて世話をして呉れた。

田氏三度逓信次官となる

明治三十六年四月総選挙施行せらる。此時伊藤侯は既に海外より帰り来られ、田氏は復党し居られたが、始めての大選挙区制を実施せられたる事でもあり、田氏の名誉回復の意味で是非当選する様に尽力して呉れと、伊東巳代治男や大浦兼武氏は、自分に望まれた。大浦氏は当時警視総監をして居られたのであるが、十八議会で妥協を為したる時、大浦氏は田氏に対して大に感謝せられ居たる為めである、大浦氏一人は全く誠意を以て田氏の為め心配された。自分は固より兵庫県に帰り大に奮闘尽力した。田氏自身も大選挙区のこと故、帰県して各地に演説し大に奮闘され、遂に大多数を以て当選せられた。然るに三十六年十二月第十九議会開会せられ、河野広中氏が議長として内閣不信任の奉答文を読み上げ、議員は之れに気付かず拍手議決せし為め、議会は解散となつた。田氏は之で議員をやることは嫌やだと云ふことで罷められた。所が暫くして三十七年一月大浦氏は逓信大臣となられるので、其前夜同氏は密かに自分を呼び寄せられ、田氏が是非次官になり呉れるやう、話をして呉れないかと云ふことであつた。尤も大浦氏は前にも述べた通り、田氏に対し頗る気の毒に思ひ居られ、一つは田氏の為めを思ひ言はれたる事である。自分は礼を厚ふし辞を卑ふして話さるゝに於ては、田氏は遣らないことはない、然し同氏は逓信次官を二度もやつた人であつて、今度は三度目であるから、余程六つかしいと思ひますけれども、私は此事に尽しますと云ふて、田氏を訪ひ此話をしたるに、同氏は直ちに遣らうとは言はない。自分は田氏に向ひ大浦氏は、前から貴下より先輩であり年も上である。貴下は星先生が暗殺されてから、非常に損をなされたのであるから、将来は貴族院議員として、働かれるが最も国家の為めであると思ふ。さう云ふことになると山県系にならねばならない訳であるから、此際は意を決して三度目ではあるけれども、逓信次官を為さるが良い、露国との戦争もあることであるから、貴下の腕を要すべき所であると思ふとて頻りに説いた。又自分は田氏に対し辞職の際は貴族院に入られることを大浦氏と確約すると述べ、直ちに大浦氏を訪ひ、此事を話し貴族院に入ることを約束して呉れと言ひしに、大浦氏は君の言はるゝ通りである。田氏に対し自分がさう云ふ約束をすることは出来ないが、君と私とならば約束する、若し桂内閣倒るゝ時は自分（大浦氏）は引受けて田氏を貴族院議員にする。又日露戦争があるに違ひない、此時には私は田氏を逓信大臣と思ふてやつて貰ふ積りゆゑ、是非就任して貰ひ度い、と云ふことを話して呉れと言はる。自分は直ちに田氏を訪ひ巨細話したるに、田氏は漸く承諾され、斯くて三度目の逓信次官となられた。

始めて代議士となる

明治三十七年二月九日、日露戦争が開始され、同年三月十日衆議院議員の総選挙があつた、田氏は勿論大浦大臣より自分に立候補するやう勧められた。そこで自分は永い間の宿願を達するは此時なりと、大に喜び勇んで兵庫県に帰り、田氏の後を受けて衆議院議員候補として立ち、遂に当選した、此時四十三歳である。尤も自分は前にも一寸述べた通り、甲州谷村にある銅山を石井千太郎の名にて経営せしめて居た。実は石井と云ふ男は鉱山の無頼漢だと云ふて、農商務省が相手にせなかつたものだが、石井は宝銅山の最も良いことを知り、他人より買ひ求めて、其山の経営をして居た次第である。然るに其山は非常に発展を為し、一万二千円にて買取つた鉱山が、岩崎家の三菱に四十二万円に売れて、自分は大なる利益を得て居たのである、それで選挙も楽に出来た訳である。

又日露戦争開始と共に、頗る秘密に**グアム**島に海底電信布設のことを、政府の内命に依り為し遂げた。今の朝鮮総督斎藤実男は当時海軍次官であつて、逓信大臣大浦兼武氏次官田健治郎氏との秘密協議に依り、**グアム**島海底電信を戦時品として、英吉利より購入することゝなり。自分は之を為して、正当にして大なる利益を得たる為め、三十七年の総選挙の時は、同志を援け林有造氏を千葉県より選出せしめ、新自由党を組織し十八名の同志を得た。そこで林有造氏主となり、一時衆議院に新自由党と云ふ団体を別に置いた。中央倶楽部や、大同倶楽部や同志会の一半の前身は是である。同志会は後更に憲政会となつたものである。その頃自分が曾て千葉県で巡査になりたる時始めて世話になつた、当時の警部大藤汀氏と新橋の橋の上で偶然出会つた。自分は人力車に乗りて何にも気付かず通り過ぎやうとした時、松本さん松本さんと呼ぶ者あるゆゑ、振り返つて見しに、御忘れにならんが千葉県に居た大藤です、君は議員になり立派な人になられたが、己れは今食ふことに困つて居る有様だから、何にか良い事はないかと言ひしゆゑ、自分は曾て千葉県で大藤の世話になりたることを思ひ出し、同人の宿所を聞いて其時は別れ、数日して同人を下谷稲荷町の住居に訪ね行き、金弐拾円を送つて同人を慰め、同人が衆議院の守衛になりたいと云ふことであつたが、丁度貴族院に欠員があつたので、貴族院の守衛に入れてやつたのである、爾来同人は永く貴族院に勤めて居た。

実業界に入る

自分は明治二十六年以来、後藤板垣両伯の勧めに依り政治家たらんと志したが、遂に衆議院議員たることを得て大に喜び、其時既に衆議院議員となつた以上、兎に角是から先き東京で実業上の経験を積み、行く行くは大会社の重役をやつて見たいと云ふ考を起した。時恰も岡田治衛武氏が経営して居つた、徴兵保険会社の改革をすると云ふことで友人河村隆実、林謙吉郎両氏より徴兵保険会社の専務取締役を頼まれた。此会社は小さな会社ではあるが、直ぐに大会社に入ると云ふことは中々六つかしいゆゑ、先づ専務ならやつて見やうと思ひ之を承諾し、一つの案を立てた。此徴兵保険は以前山県公が賛成された所のものゝ由で□[ママ]此の徴兵保険会社の考課状に限つて、官報に出すことになつて居た。又山県公が「義勇奉公」と題する額を渡されて居つた。それゆゑ自分は考へて目下日露戦争中でもあり、旁々するから自分が専務取締役をやつた所が大きな事は出来ない。幸ひ貴族院議員の小沢武雄男は元陸軍中将で参謀本部でも有名の人であつたし、今現に赤十字社副社長をして居る関係からして、其小沢武雄男を連れて来て社長にする。そして赤十字社を利用して全国の知事を説き、団体募集の如きことをやらしたら、非常に面白いことが出来るであらう。此団体募集を知事から各郡長に話して、其手数料を在郷軍人の費用にするやうな事にしたら、面白いだらうと云ふ案を立てた。そして之を実行した所が、是れが大当りであつた。自分が専務に就任した時は、創立後四年になつて居たが、約弐百万円程の契約丈けであつた。然るに三十七年に就任して此事をやつたらば、満三年間に一千万円以上の契約高になつて来た。会社が非常に盛況を極めた為めに、河村隆実氏は会社の金を利用し、百万円に近き使ひ込みをやつた。自分は雇重役であるし旁々遂に会社を退いた。一つには自分は相当に鉱山事業にも関係し、其為め儲けた金も使ひ果たし、徴兵保険より三万円の金を借りて苦んだ為め、明治四十年に辞職したのである。

明治三十八年七月十九日養母スミ小田原にて死去された。養母は前にも話した如く確かに女丈夫であつた、自分は生れて直ぐ此養母の手に育てられたから、其性格気象は少なからず此養母に感化せられたと思ふ。若し自分の性行にして取るべき所ありとすれば、其は全く此母の賜物であると思ひ、今尚ほ追懐に堪へない次第である。

大浦氏の信義に感ず、田氏勅選となる

明治三十九年の秋桂内閣は辞職した。是は八ケ間しい**ポーツマス**媾和条約の為め、民論沸騰して焼打となつた結果である。逓信次官田健治郎氏は大浦逓信大臣と共に辞表を呈せられた。当時自分は高輪南町の新築家屋に住つて居り、時恰かも風邪に罹りて発熱四十度に近かつたが、辞表の号外が出るや否や、大浦氏を逓信大臣官邸に訪ふた。これは曾て田氏次官就任の時からの約束である同氏勅選一件ありし為めである。自分が官邸に行つたのは午前九時頃であつたが、大臣不在の為め、人力車夫の毛布を借り応接室に休んで居つたが、大浦氏は十一時頃帰邸せられ、君と約束してあつた田氏貴族院議員の事は、桂邸で余程八ケ間しかりしも遂に決行し来れり安神せよと言はる。自分は大浦氏の信義に厚きに感服した。斯くして田氏は辞職と同時に貴族院議員に勅選せられた。(筆者曰く大浦氏の信義に忠にして至誠の人たることは、実に欽仰の外ないが、先生が身四十度の大熱を冒して此の千歳の好機を逸しては、田次官に相済まずとし、殆んど其身命を忘れて馳付け、官邸の応接間に寝込んで待たれたる、誠心と気魄には驚くべく、又学ぶべきではないか)

明治四十一年三月二十七日実母今井フキ小田原にて死去された。実母は誠に正直の人であつたが、其生涯は不仕合せであつたと実に気の毒の感に堪へない。

明治四十一年五月改選に際し、兵庫県から再選せられて又衆議院議員となつた。此時は選挙費に困つたが、山県公爵が非常に心配されで小田原にある地所を大倉喜八郎氏に買つて貰ふことになり、又当時選挙違犯者抔も出たが、山県公と大浦氏の御蔭で当選した次第である。

東鉄の重役となる、遂に電車市有を成就す

是より先き自分は徴兵保険は遣り上げたが、何でも自分の仕事を残して置きたいから、日本の有名な会社例へば日本郵船会社とか、東京鉄道会社の様な大会社の重役に這入りたいと考へて居た。所で東京鉄道は当時郵船会社よりも資本額は多く、日本全国中第一の大会社であつたが、是が又頗る経営困難であつて、電車賃率一銭の値上をしなければ会社が立行かない状態であつた。当時会社の大株主たる利光鶴松氏や森久保作蔵氏から、度度会社発展上の相談を受けたので、自分は大浦氏に依りて此会社を発展せしめんと計つた。そして自分は其事を引受けて賃率値上げを二回持出して失敗し、電車市有を一回持出して失敗した。斯く三度迄も失敗を重ねたるに拘はらず、自分が此事に熱心に奔走する為め、利光氏は政府が賃率を引上げ呉れるには、社長に良い人を持つて来ねばならぬと云ふ故、自分も賛成して此事を内々大浦氏に相談を掛けたるに、大浦氏は色々のことから割出して、千家尊福男を東京鉄道の社長に

したら、良いと云ふことであつた。其事を利光氏に図つたら同氏は両手を挙げて賛成した。遂に千家男となつたが、此事を千家男に交渉したのは森久保作蔵氏である。千家男は中々物を考へる人で、自分と千家男とは余り交際をしないに拘はらず、千家男の社長承諾は松本剛吉を連れて這入るなら承諾すると云ふことで、高飛車に持掛けた、是は皆な森久保氏の仕事であつた。自分は予ねて日本有数の大会社に這入りたいと云ふ望を有つて居たから、時来たれりと云ふので直ちに承諾して、千家男と共に明治四十年東京鉄道の重役となつた。此時東京鉄道総会の席上で、元の社長牟田口元学氏は自分は退職し後に千家尊福男と松本剛吉君が這入ると云ふたら、株主は皆ビツクリしたと云ふことである。

其頃は又事業に失敗し、小田原の邸宅は担保に入れあり、負債は山の如く約十四五万円に上つて居つた。所が財産がない為め如何ともする事が出来ず、当時六千万円の日本一の大会社の重役であるに拘はらず、着の身着の儘で執達吏を迎ふると云ふ有様であつた。此時貴族院議員佐々田懋氏から金壱千五百円を借り受けたるに、期限に至り返済出来ず執達吏を差向けられ、又徴兵保険から借りた金は八ケ間しくなつて来た。此徴兵保険は自分が発展せしめて今日の基礎を為したるに拘はらず、反対者の経営に移つてから、河村隆実氏の御蔭で自分も共に遂に差押を受くることになり、非常の窮迫を告ぐるに至つた。然し悪い事を為したる事なく、全く信用上の貸借なりしが為め、少しも事に臆せず頗る奮闘を続けて居た。当時赤坂氷川町に住んで居たが、東京鉄道の重役でありながら、執達吏が来て取調べて見ても何にもないので、執達吏は弁護士宮島次郎と云ふ人を差向けて来た為め、法律新聞に投書せられ、日本第一の大会社の重役千家尊福及び松本剛吉の両人は、各貴衆両院の議員であるに拘はらず、燕尾服もなければ絹帽《シルクハット》もない、斯う云ふ人を東京鉄道に置くのは以ての外である。是では東京鉄道を伏魔殿と云ふのは尤もの次第で実に怪しからぬと攻撃されたものである。所が自分及び千家男は、東京鉄道の金は一銭一厘も借りたり、又は使つたりしたことがないゆゑ、ビクともしなかつた。有名な堅実家の神谷伝兵衛氏は常任監査役をして居り、自分は社長及び他の重役より委任を受け、専務取締役同様の者となり、毎日々々会社の有体財産の整理を為したり、時には神谷伝兵衛氏と共に三菱ヶ原に在る材料財産等の取調べを為す等熱心に奔走せし為め、遂に利光鶴松、林謙吉郎氏抔は気の毒に思ひ、私財を以て八ケ間しい負債の整理をして呉れた。明治四十四年桂内閣に於て外資を入れる関係上、遂に電車を市有とすることゝなり、当時平田子爵が内務大臣、後藤新平男が逓信大臣であつたが、一夜にして電車市有を決せられ遂に目的を達したのであつた。是れは蔭に大浦さんが居て尽力せられたのである。それから其年（明治四十四年）の十二月電車市有になりたるを喜び、貧乏の骨休めに暮の二十七日から家族一同を引連れ、伊勢大神宮を参拝し関西旅行中、奈良にて東京電車従業員の不平により**ストライキ**を起せし事を聞きしが、翌四十五年一月一日京都俵屋に宿泊中、愈々**ストライキ**始まり電車不通となれりとて、電報にて急に帰京を促し来つたので急ぎ帰京し之が解決に尽力した。東京鉄道会社は解散し、引続き其精算人に選ばれた。

明治三十八年剛七郎生る、是は高浦要氏夫妻の所望にて、同家へ養子として遣はす。自分は今井家より出でゝ松本家の養子となり、養親には実父母に優る愛を受けたが、今剛七郎は自分同様の慈愛を受けて居る。本年鹿児島第七高等学校に入つたが、養母恒代は之に付添ひ同地に到り通学せしめて居る。明治四十年金吉生れ、四十二年九郎生る。

酷烈極まる選挙大干渉を蒙る

明治四十五年総選挙あり、小田原にては頻りに自分に立候補を勧めて来た。所が千葉県選出前代議士鈴木久次郎氏は当時失格して議員たることが出来ないので、自分が中立の身なるを幸ひ、同氏の地盤擁護として千葉県から出馬して呉れないかと交渉を受けた。そして千葉県では七千円位もあれば当選せしむると云ふ事である、故に千葉県から出馬する事に極めた。是は妻の里が同県君津郡であるのと、先年木更津で巡査をして居た関係上、其所の地方の人を知つて居る縁故があつた為めである。そこで千葉県の方は自分が承諾したが、小田原では候補者が出来ない為め、非常に困つて候補者の擁立を頻りと頼まれた。自分は神谷伝兵衛氏を小田原から出さうとして、神谷氏に交渉したが、神谷氏は議員には一度出て見たいが、年六十を超へてから始めて議員をやる積りだ、今はまだ六十にならぬから議員にはならぬと云ふて断つた。其前に自分は京都西本願寺の大谷光瑞師とは心易くして居たが、同師より自分に対し木村省吾氏の経営して居た、本願寺の真宗信徒生命保険の社長になつて呉れと云ふことであつたから、自分は保険会社の社長は否《い》やだとて、丁度元大浦男の秘書官をして居た堀貞君が遊んで居つた故、大谷さんに頼むで堀氏を真宗信徒の社長にすることに決めた。今日の共保生命保険会社はそれである。さう云ふ縁故から大浦さんは木村君を小田原の衆議院議員候補にして呉れないかと言はれ、大谷光瑞、大谷尊由の二師も是非木村氏を小田原から出すやうに頼むと云ふ事で、自分宅に来られたから、自分は直ちに承諾し木村省吾君を上下足柄郡を基礎として出馬せしむることにした。所が困つたことには、大浦男と時の警保局長古賀廉造氏とは非常に仲の悪い間であつた為め、遂に選挙干渉をやると云ふことになつた。自分は平素大浦男との関係から最も古賀氏に睨まれることゝなつた。小田原の方は自分が木村氏を推している関係から、椎野吉五郎なる悪党が拵へたる、自分に横領罪があると云ふ実に乱暴極まる投書を種に古賀氏が密かに横浜地方裁判所の大田黒検事正及び後京都豚箱事件で有名となつた一松検事の二名に内談せし為め、何とかして自分を検挙すると云ふ事になつたのである、そこで検事局では小田原の参謀連中を片端より拘引した。それから自分の選挙区たる千葉県では古賀氏の直系の子分たる田中千葉地方裁判所検事正を指揮して君津郡の町村長、助役、収入役など六十余名を数珠繋ぎに検挙した。そして自分の所に出入して居た壮士神田与平なる者を脅迫して松本の命令に依つて買収したと云ふ自白をなさしめる等、乱暴此上なき干渉を為した。所で此選挙は五月十五日が期日なりしが、小田原でやつたのは五月十二日で選挙期日間際に参謀六名引上げられた為め、自分は木村氏に迷惑を掛ける事を恐れ、遂に同氏に候補を辞退せしめた。其際選挙に使用した金は、約九千円許りなりしが、弁護士横山勝太郎氏を頼み、椎野吉五郎抔云ふ運動者に与へた、金を引上げしめたから木村氏は約四千五百円ばかりの損害で済んだ、残りの金は皆木村氏に戻した。千葉県では自分が落選したものと古賀氏等は思ふた、それは町村長以下六十余名も数珠繋ぎになつた為めテツキリ落選したものと思ふたのである。元来千葉県の定員は十名なるが関和知氏は十人目であり、自分は十一人目の次点と云ふことで、十五日選挙が済むと木更津出張の検事予審判事は残らず引揚げた次第である。然るに十八日千葉県庁で開票の結果は自分には前妻の関係のあつた房州で隠し投票が四十票出来て居た為め、遂に関和知氏は次点となつて自分は十人目の当選者と云ふ事になつた。さうすると一旦打切つた検挙が又始まつた、釈放した六十余名は再び数珠繋ぎと云ふ事になり、事件は木更津区裁判所で取調べらるゝことゝなつた。古賀警保局長自ら態々千葉県へ出張し検事は更に木更津に出動する事になり、そして田中検事正自ら其主任となり、種々なる脅迫の言辞を弄して、自分を罪に陥さうと企てたが自分は何処迄も突張つて之に応じなかつた。然るに茲に驚く事は千葉では投票買収の命令をしたと云ふことで選挙法違反であつたが。小田原では検事、予審判事の聴取書、調書が十五回まで詐偽横領の調べであつて選挙法違反の調べは一回もしなかつたのである。田男爵は後此調書を見て非常に憤激せられ、自分は是まで陪審制度には反対であつたが、司法官が斯う云ふことをするやうでは、陪審制度をやらなければ実に危険であると言はれ、其時始めて陪審制度を賛成するに至られた程である。遂に本件は木村省吾氏の参謀長として有罪視せられ、横浜地方裁判所にて禁錮六ケ月を言ひ渡された、千葉地方裁判所でも禁錮六ケ月の言渡を受けた。此事件は有名なる法曹会の大家、鵜沢総明、横田千之助、岸清一、横山勝太郎、長島鷲太郎、卜部喜太郎諸氏が弁護又は鑑定を、何れも無報酬でして呉れられた。所で同一の選挙で同一の違反行為があつたとすれば、併合審理を為すべきである、然るに斯くせずして別々に刑の言渡をすると云ふ事は違法であると、諸大家が述べたるに拘はらず、裁判所は別々に刑の言渡をして仕舞つた、そこで自分は控訴した。或日東京控訴院で公判の開廷があつたが、裁判所の廊下で待つて居ると、一人の廷丁がやつて来て、日本広しと雖も同時に選挙違反を二つ引掛けて天秤棒で担ふた者はあるまい、其犯人の松本剛吉と云ふはどんな人であるかと自分に尋ねた。そこで自分はソレは偉い人で此処に居る此人だと、同じ選挙法違反の榎本吉太郎君を指して教へてやると。元来榎本は身の丈け六尺に近き大男で、顔も大きく鬚はムシヤ〳〵生ゑた男だから、廷丁は驚いて成程中々立派で偉らさふな人だ、選挙違反を天秤棒で担ふのは偉いと云ふて立ち去つたので、其時一同は大笑ひした。そこで控訴院では併合審理となり、禁錮四ケ月の宣告を受けた。

特赦の天恩に感泣す、松本と改姓す

不得已上告をして大審院に繋属中、誠に畏れ多い話であるが、明治大帝の崩御に依つて恩赦令が出た為め、鵜沢博士が東京控訴院の河村検事長に呼出され、松本と云ふ人は人格もあり気の毒な人だから、茲で服罪をして衆議院議員を罷めると云ふことにされまいか、さうすれば其罪の全体を赦されて即ち復権も出来れば全く白紙になつて仕舞ふ訳だが、どう云ふものであらふと云はれたとて、鵜沢博士から自分に相談があつた。自分は選挙法違反で裁判になつた者は無罪になる例は甚だ少ないと云ふことを聞いて居たから、直ちに控訴院検事局に出頭し議員を辞することは何でもない、同時に位記勲章も返上したいを云ひ、衆議院議員の辞表を書いて鵜沢氏に渡した。所で河村検事長は曰く贓罪でないから勲章は御取上にはならない、一度服罪したことになるから、位記は取上げられる訳になると云ふことで、勲章は返上せず位記返上願と衆議院議員の辞表とを出し、上告取下の手続は鵜沢弁護士に頼んで自分は退出した。

此年九月或る姓名判断家が、松元と云ふ元は良くない本に直せと云ふ。実は自分の戸籍は松本十兵衛養嗣子松元剛吉となり居り、実姓は松本なるが養父は物堅き人で、松本と云ふ家が柏原藩に二軒ありし為め、物の間違を恐れ松元と書し居たることが知れ、所轄郡長の許を得て遂に松本と改めた。

翌大正二年一月特赦に依つて刑の宣告を取消され、全く白紙の人となつた。人と云ふものはどう云ふ災難の起こるものか分らない、中々平生思ふた様に行くものではない。又交際する人を選ばなければならない、自分は鵜沢博士、岸博士、横田千之助、卜部喜太郎等と平生交際を厚くして居た為め、此諸大家は凡て無報酬で弁護なり鑑定なりをして呉れられた。又小田原にて選挙法違反の検挙を受けたる際、田健治郎男が鵜沢総明氏の代人と共に小田原に来り呉れられた為め、自分は一日も拘留さるゝことなく、私宅より呼出され取調べを受けた。木更津では石井旅館に泊り居りて是も一回も拘留はされなかつた。又他人は家宅捜索を受けたが、自分は家宅捜索を受けなかつた。是等は全く平生の行ひに依ることゝ思ふ。又田男爵が小田原に来られて訪問して下さつた賜物であつたと自分は思ふて居る。

干渉余談、予審判事の懺悔

それから当時自分を最も惨酷に調べたものは一松検事と予審判事北島良吉の二人であつた。尤も北島判事は一松検事の指図を受けてやつたらしく、此人は余り惨酷な人ではなかつた様に思ふ。一松検事は非常に冷酷な人であつた、然るに大正五年寺内内閣組織せられ、自分は逓信大臣秘書官となつた時、北島良吉氏から電話が掛り夫れに出て見ると、私の名前は御忘れになつたでありましようと云ふことであつたゆゑ、自分は一松検事と北島判事の名は未来永劫忘れは致しませぬ、其当時は夢にさへ見た程惨酷の目に逢つた訳である、何か御用でしようかと云ふと其時北島氏は礼を厚ふし辞を卑ふして、御忘れでなければ是非御目通りを願ひたいのですが、御許しが叶へるでしようかと云ふから、差支ない直ぐに御出なさいと答へた。北島氏は来り実は只今予審判事を罷めて、司法省の免囚保護の嘱託を受けて居ります。私は予審判事をして種々の罪な事を致しました故、其罪滅ぼしの為めに免囚保護を一生懸命にやつて居ります。就ては電話が要りますが、彼の当時の事を思へば電話を頼まれた義理ではありませぬが、公益上のことでありますから是非急速電話の御心配は願はれないでしようかと恐る〳〵云ふゆゑ、自分は直ちに貴君は選挙違反のことを気にされて居るやうで、あるけれど、是は畏れ多いことながら　明治大帝の崩御に因り、白紙として戴いたから忘れて仕舞つた、今更さう云ふ事は何とも思はぬ、免囚保護の事業をなさると云ふことならば最も必要と思ふから、直ちに逓信局長に話をして上げると云ふて特に急要の所以を話し、当時の東京逓信局長竹内友治郎氏に依頼し、特設電話を架けてやつた。その時同氏も大に感激して其非を謝して、選挙違反当時の有様を詳述し、古賀の選挙干渉の顛末を洩れなく話して聞かされたので、実に驚入つた遣り方であつたことが分り、全く古賀氏が大浦男に対する恨みを晴らす為め、自分を選挙違反に引掛けたのであつた事が分つた。後に当時の内務大臣たりし原敬氏に会ふた時、原氏は君は意外の目に逢つたね、自分（原氏）は少しも知らなかつた、君の問題が起つて裁判沙汰になつてから初めて君の事を承知したから、直ぐ調べさせた所が古賀がやつたと云ふことが分つたから、古賀に非常に小言を云ふた次第であると云はれた事がある。全く当時の内務大臣は知らなかつたものと確信する。それから一松検事は大隈内閣の当時大浦内務大臣に政界を隠退させた事件、即ち高松事件を摘発した。当時一松は大阪控訴院の検事であつたと思ふが、高松に出張して行つて辛辣なる検挙をやつた。それから有名なる京都の豚箱事件（当時の府知事木内重四郎氏以下の被告を重罪囚を入れる俗に豚箱と云ふ訟廷の箱席に入れたる事件）で人権蹂躙問題を惹起し、遂に大審院次席検事の事実調査となり、裁判所に居られなくなり、今は罷めて大阪で弁護士をやつて居るが、誰れも頼む人はないと云ふ話である。北島氏は大正十二年の秋頃死亡した。自分は其通知を受けたから葬式に行つてやつた。

執拗なる干渉のたゝり、窮迫の底に陥る

大正元年自分が選挙法違反でやられた時、関和知氏は次点であつた為め、自分の失格を覘ふこと甚しく、新聞記者を使嗾し、松本は京都監獄に収監されたとか、詐偽をやつたとか或は横領をやつたとか、有らゆる悪口雑言を新聞に書かした為め、取引銀行は有りもせね〔ママ〕預金ではあるが取引を謝絶したり、諸方で金を借りて居たが信用を傷けられたので、もう金を貸す者はないと云ふ訳になり非常に貧乏をした。そこで自分は最早や何事も出来なくなり、全く窮して仕舞つた。世を悲観し政府や古賀や関を恨んだもので、書遺迄して将に死せんとしたこと三回もあつた。或時は汽車の聯結目《つぎ》の所から墜ちんと考へ居る

内、車室の中で他人の子供が急に泣出した為め、金吉と云ふ子供の少さき時ゆゑ、金吉の事を思ひ出して思ひ止つた事もある。又恭は自分所持の短刀を私と隠《ソッ》したる事もある程であつた。此当時より池田一蔵は非常に能く表裏とも尽力して呉れた。然るに自分が明治二十五年中選挙干渉の為め福岡熊本佐賀三県下へ行きし事抔思ひ出し、是は天罰を被りたることゝ思ひ、政府や人を恨む抔は誤りであると気付き如何様にしても奮発して身を立て直さんと決心し、名誉回復をやらなければならぬ、其名誉回復は復た鉱山を始めるより外に仕方がないと思ひ、大浦兼武男や田健治郎男や横田千之助氏や、林謙吉郎、佐分利一嗣、長井益太郎氏等に話をした。林長井の兄弟は非常に同情したが金がない、横田氏は非常に同情されて自分で金を呉れたり、又田男爵に行つて金を貰つて呉れられたので、多少の金は出来た。佐分利一嗣氏は金があつたので同情して金壱万円を貸して呉れた。当時自分は芝公園に住まつて居たが、宮城県川崎と云ふ所に在る鉱山を始め芝公園から脚袢を着け鞋を穿いて、恰かも大正十二年震災当時の様な装束で、上野から三等汽車に乗り仙台在の大河原駅から八里もある川崎と云ふ鉱山へ歩いて通つた。此の間殆ど一年余りである。其年の夏の頃は米を洗つて工夫二十人分の飯を焚いたり、納屋の屋根に上つて杉皮の屋根葺をする、金槌を持つて一本〳〵釘を打つ、手は杉の皮の脂《ヤニ》だらけになる様の次第で、自ら労働をして頗る苦労をした。当時多喜金四郎、須佐美雄蔵の両人を、事務所に連れ行き、米がなければ山から川崎の町まで一里ばかりの所を米を担ぎに行つたり、竹を担きに行つたり、時には坑道内に這入り工夫の手助けを為し車の後押しをすると云ふ非常なる熱心と苦労とをして、漸く鉱石を七噸貨車三車分を大阪に出す事とし、川崎まで一里許りの所を出したが、時恰かも二百十日の厄日に当り、大暴風雨となり県道に当る川崎村の橋が出水の為め流れ落ちて仕舞つた。そこで其鉱石が大河原の駅まで行けば七千何百円の金が取れるにも拘はらず、橋が落ちた許りに早速商売に差支へ、工夫に賃銭を払ふことも米を買ふことも出来なくなり、全く方法に詰まつて自分は多喜の勧むる儘に不得已夜逃げして笹子峠を越へて山形に出て東京に帰つた時の哀れさは実に御話にならぬ。須佐美雄蔵と多喜金四郎は種々な事をして山を経営したけれども、如何にせむ七千何百円の金が取れない為め、遂に自分が遣した毛布やら蚊帳やら蓄音機まで売払ひ、山を解散することになつた。当時山に居た鉱夫二十名許りは非常に激昂して東京に押し掛け行き、これを裁判所又は警察署に訴へる抔言ひし者もあつた由なれど、自分が山で余りに熱心に働いたのに感じて居た鉱夫長の藤原と云ふ男が段々諭して、遂に藤原の郷里より金を持つて来て山は解散し、鉱夫は他に転じたと云ふことである。二ケ月過ぎて川崎橋が出来た為め、鉱石を大河原駅に出し漸く借金を返へした。それから種々遣つて見たが、山を休むより外に仕方がないと云ふので、約二ヶ月間全で働かないで山は其儘となつた。是れ全く選挙法違反の御蔭で、他の誤解を受けて居た為め金融の途絶へたからである。実に驚き入つたる話である。其後山は休みしが二年程経てから、買手が来り壱万五千円に其山を売り払ひ、佐分利氏の借金は遂に利益と共に戻した。

不馴れの銀行整理に手を焼く

其翌年林謙吉郎氏から共同銀行の整理を托されたが、自分は借金は多いし、又不馴れの銀行整理などは思ひも依らぬと断つたが、兎に角見込のある銀行故整理をして呉れと云ふことであるし、此事を大浦氏に相談したるに、相当の世話をして遣るから遣つて見よと云ふことであつた。そこで之を引受けて見た所が、是れが又非常に乱暴を極めたものであつて、重役等は小さい家を大きくし坪数を増やして図面に大きく見せ掛け、他に金を貸す、其借手と貸手と八百長をやつて非常な不法を為して居る次第である。自分は内幕を見て実に驚いたゆゑ、遂に警視庁及び大蔵省に行き、自分より大蔵省の検査を請求した。大蔵省は検査官を派遣し検査の結果、旧重役は拘留され処刑を受けることになり、自分共は辞職した。

其後大浦兼武氏や、やまと新聞社長の松下軍治氏其他が自分の窮境を察し大に援助して呉れた。大正四年松下氏は遂に死去した。松下氏の葬式にて山県公爵の家令石崎正明氏に出会ひ、自分は選挙違犯に問はれた為め、遠慮して御無沙汰申上げ居ることを話したるに、石崎氏がソウ云つたものか其夜公爵より電話にても呼びに来り、翌日公爵邸に伺ふたるに公は政治家が選挙違反をなしたるは丁度軍人が鉄砲傷を受け衛戍病院に入りたると同じ事で何等恥づることはないと云はれたるより、爾来再び公邸に出入を始め大正十一年公の薨去まで続けた次第である。

大正四年に至り、諸友人等は自分の窮状を察し同情を寄せ、色々後援を為し呉れたので、借金も仕払ふ事を得た。其内、田辺勉吉氏の如きは特に同情をして他より多額の金を出さして呉れられた。御蔭で食つて行くに差支ないやうになつた。

此年（大正四年）七月恩人たる大浦兼武氏は大隈内閣の内務大臣を罷め、一切の栄典をも拝辞して鎌倉に隠遁せらる。自分は其後大正七年同氏が薨去せらるゝ迄、一ヶ月必ず二回づゝは訪問して同氏を慰めた、是は同氏に対する報恩の一と心得たからである。

田男入閣、三度秘書官となる

大正五年九月大隈内閣辞職し、寺内内閣成立し田健治郎男は入って逓信大臣となられ自分は其秘書官に任ぜられた。大正六年一月二十五日議会解散同年四月二十日総選挙行はる。自分は神奈川県郡部より候補に立ち当選した。此選挙に当り自分は全国的に非常の働きを為した。それは寺内内閣の総選挙は田逓相が事実上の選挙長として指揮せられ、自分は之を輔けて百十名なりし政友会を百六十四名と為し中立議員六十余名を選出せしめた。此選挙の結果は自分が予て山県老公に報告して置いた所と大体に於て一致したので老公は非常に喜ばれ和歌一首を認めて自分に渡された。中立団体の新政会を拵へたが、後仲間割れがして分離したが新政会は維持して行った。

此年長男卓は中村昌恵氏の二女貞子と結婚した。

原内閣、田男の台湾総督、四度目の秘書官

大正七年九月二十九日寺内内閣は辞職し原内閣成立した。其翌三十日恩人大浦兼武氏突如薨去された。原内閣に対しては自分は非常なる後援を為し、新政会は内閣の味方として大に活躍した。就中其内の

十七人は所謂新政会の十七人組と唱へ終始自分と行動を共にして大に働いて呉れた。

大正八年十一月田男爵は台湾総督になられ、自分は又秘書官となつた。大正八年治郎生る、石川リエの跡相続とした。

大正九年議会解散せられ、五月十日総選挙行はる、自分は原首相、山県公の指図を奉じ中立議員の世話を為した。自分は京都祇園安井前中西旅館に在つて、中立議員及び政友会議員の後援を為しつゝ、当時山県公は京都無隣庵に居られたから、常に無隣庵に出入した。自分は神奈川県第四区（三浦鎌倉二郡）より政友会の地盤を貰ひ受け立候補したが、原首相は常に心配され知事、警察部長に内話せられ居り、自分の選挙区は大丈夫なりと云ふゆゑ、之を捨て置き人の世話のみを為し、自分の選挙区を構はざりし為め、遂に六十一票の差で、福本清之輔と云ふ、名もなき郡会議員に敗を取つた。此選挙の時将来見込ある人と思ひ石井三郎氏を其郷里茨城県より立候補せしめたが、当時内閣書記官長たりし高橋光威氏や床次内務大臣抔は、口を極めて石井氏は年も若いし経歴もなき人ゆゑ駄目だと言ひしが、自分は見る所あり、原首相や横田千之助氏に頼み力を入れしが、遂に最高点で当選した。其後大正十一年福本清之輔氏死亡し、補欠選挙行はれたが、先輩諸公の勧告もあり衆議院議員たることを断念し、政友会候補者加藤小兵衛氏を後援した。而して又大正十三年五月に行はれたる総選挙にも自分は感ずる所あり立候補を断念し、政友諸氏の為め大に奔走尽力する所あつた。

自分が世話になりし恩人後藤象次郎伯は明治二十八年薨去せられ、板垣伯は大正七年薨去され、林有造氏は大正十年薨せられた。内後藤伯には遂に恩を報ずることが出来なかつたが、猛太郎伯や六弥氏には出来得る限りの力を尽くした。板垣伯には同家の負債整理やら其他出来得る限り力を尽して世話をした。林有造氏も北海道で人の為め加判し、非常なる負債を為し難儀され居りし為め、幸ひ自分の友人関宗喜氏が北海道拓殖銀行の副頭取を為し居りし関係より、拓殖銀行の負債を片付けたる為め、林氏は是れで郷里宿毛の田地も戻り何時死すとも遺族が困らぬ、君の尽力は林家の為め多大の感謝を表すと言はれたことがある。林氏は頗る世間より誤解を受け居られたが、其性行に至つては一点非難すべき所なく全く人格者で武士道的の人であつた。自由党員としては最も力を尽され二度も国務大臣を勤められた事ゆゑ、本人には其望みなきも自分としては、枢府に入らるゝか、せめて勅選議員として貴族院に列せしめたいと考へ、歴代の内閣に運動したが遂に其運びに至らぬ内逝かれた。頗る遺憾至極である。

以上の外自分は大正三年四月清浦子大命を拝して、内閣組織に着手し所期の目的を達すること出来ず、所謂鰻の香ひを嗅ぎたるのみにて流産に了りたる時以来、政機の動くときは必ず自分は活躍し、政変ある毎に干与せしが、是は秘密に属すること多く話をすることは憚るが、山県公や西園寺公、平田伯、原敬先生には、非常に信用を受け使用され、又宮中抔に対しても身分不相応に種々心配して奔走せしが、大正三年以来は詳細に其事柄丈けは、自分の政治日誌に明にして居るから、此処に話すことは止めにする。猶自分は忠孝を旨とし、徳義を重んじ、何事でも誠意を以て事を処し、言行齟齬することを慎み、無用の知識を博むることを考へず、身の楽を願はず、慾心を抑へ己れの分を守り、決して落胆せず善悪に付け他を妬まず、運命に委することなく、小成に安ずる事を為さず、進取の気を起し、衆人に交るに鄭寧を旨とし、総ての恩を忘れず、軽薄に渉らず、身一人にて美食を取らず、道に当つて死を厭はず、と云ふ古代よりの英雄豪傑や先輩諸氏の教を服膺して行つて居る積であるが、中々さう一々恪守することが出来ぬが、之は勤めて践行せねばならぬ之を行へば成功すること疑なしと思ふ。

以上は石井三郎君が常に自分の苦労したことを話せと云ふゆゑ遂に是等を話した次第である。

大正十三年八月八日誕生日

夢の跡（完）

「夢の跡跋」

雲来れば万嶺動るぎ、雲去れば天一色なり。黄樹庵先生の自叙伝『夢の跡』を読了すれば洵に此感がある。昔人の事を成さんとするや先づ必ず志を立てる、而して後、志を行はんが為めに世と相交渉する。此に於てか雲来りて万嶺去来するの浮沈波瀾となるが、一事一件の過ぎ去りし跡を眺むれば、生涯の堅志は恒に不朽不変、只是れ天の一色なるが如くに、水に流れず又劫火にも焚かれない。然らば先生の志を立てたるは何時であるか。年歯僅かに十有五、垂髫の小国塾助教が長兄の自刃に感憤して「ヒロミ」に跳躍するの志を起したのが其である。蓋、方言「ヒロミ」は闊き海の約語であり、浩洋たる大海にあらすんば長鯨をして跳躍せしむる能はずと決意せる事は、是れ利鈍を試みんが為めに先づ盤根錯節に身を挺して当らんとし、寸蛇呑牛の志を奕々たらしめたものではない乎。此志は及ち神戸行となり、遺書の策となつて遂に帝都歴酸の青年行となり、而して軈て黄樹庵先生一生の光彩ある政界縦横の大巻を展開し行くのである。

弟少時、米国大統領グランド《ママ》将軍の自叙伝を繙読した事がある。其中に将軍は告白してる。予は少年時より未だ曾て大統領たらんとする希望を抱いた事がない。商店の小僧であつた時は、せめて番頭位には出世したいと忠実に働いた。卒伍に列したる時は、せめて伍長位にはなりたいと義務を確実に尽した。予は自己に与へられたる職務に何等の不平を起したる事なく、只忠実に其義務を果したる間に遂に大統領に選ばれたのであると。黄樹庵先生が安達安民氏より得たる教訓を服膺して、如何なる場合にも不平を起さずして天を楽しみ、人を責めずして先づ自己を責むるに急なるの態度は、正しくグランド《〔ママ〕》将軍の生涯と符節を合してるものではない乎。先生は安達氏の教訓を徳とし之に報ずることを忘れなかつたが、恐らくは安達氏の訓戒なくしても、先生天賦の美質は必ずや此奥床しき態度を以て一生を貫くに相違ない。又安達氏の出処進退訓に就ても同様の感謝を表して居られるが、是れ又此訓戒なくしても先生が士林の出であり、且つ垂髫の頃より維新前後の大義名分論に感化を受けて居られた事は、其先天の素材と相待ちて士人の操守は萍蓬の軽浮を許さゞるの大道を進んだであらう。然し安達氏の訓戒は決して無駄ではなかつた。先生が之を生涯の箴言とした事に於て更に一層其意味を深淵ならしめてる。良先輩と好後輩との際会は実に人生の美観を添へるものと言はねばならぬ。

先生の此美点は又他方より観れば辛苦艱難具さに嘗め味ふた体験の賜物とも見ることが出来る。人生は元より浮沈窮りなきものであるが、浮沈は一時であり、此間に処して男児の気節を失はざることは即ち其人間の価値である。貧士の家に人と為り、弱冠にして歴酸遍かりし間に、先生は浮沈の意とすべからずして気節の尚ぶべきを体得した事は即ち茲に先生の人格を形造くつたのである。然し此楽天性と操守性との二美点は、先生の後半生に重大の関係を繋いで居る事を見逃がしてはならぬ。宮地茂春氏に百金を私消されて之を一笑に附し去りたる一事ですら、後に宮地氏と先生との間に起りたる幾多重大事件の楔子となり、先生をして幾度か其名を成さしめてるではない乎。これが又伏線となりて大浦兼武子の信任となり、山県公の信任となり、而して平田伯、原氏、西園寺公諸星の重倚となり、投じたる一石は波紋を起こし、之に風を加へ、雨を加へ、而して万丈の高波を浩洋に捲起せしめるの結果となって居る。然も先生にして単に楽天性のみの持主であらしめたならば、或は泛々たる一才子として終つたかも知れないが、先生は他方に之を制圧する厳粛な操守性があつた。後藤伯に知遇を得ても田氏を忘れなかつた。星、大浦、原、山県、平田、西園寺諸豪の眷顧があつても、一日として田氏を天下の広居に立たしむるの意を失はなかつた。良禽は樹を擇むの支那的功利主義は先生の欲する処でなく、七生其恩に報ずる日本武士の精神は、実に吾が黄樹庵先生の志とする処であつた。

先生の今日に到るまでの生涯は巒嶽起伏の壮観を極めてるが、之を大観すれば立志時代を過ぎて田氏の下に警察事務を執つた時が第一期で、後藤伯に従ひ、次で事業界に這入つたのが第二期、而して秘書官となり、代議士となり、更に進んで政界の枢機に参画するに至つたのが第三期とも言ふ事が出来やう。之を概観するに各期を通じての一致点は、先生が各期に於て必ず七顚八起の波瀾を生じ、而して一度は極度の貧苦に悩まされてる事である。否、各期に於て相当の資を成されてるに拘はらず、何時の間にか其資金は消失して残るは借金ばかりと云ふ事実である。此現象は果して何が為めに起るのである乎。弟の所見によれば先生が一日の晏居を許さゞる活動精神の持主である事と、黄金を尊しとせずして意気を高しと為す事の二つに因ると思ふ。弟が先生の知遇を辱ふしたのは極めて最近の事に属するが、其最近の短日月に於てすら、先生が資金蒐集に鏤心彫骨の苦心をせられながら、然も之を出すに何ぞ容易なるやの感を抱かしめたる事幾回たるを知らない。先生は金其物の為めに苦しむのではないが、之を使はんが為めに集むるに苦しむのである。乃ち先生は人の厄を見て身の危を忘れ、人の寒苦を憫れんでは己の襯衣を脱するをさへ厭はぬ意気を有して居られるのである。是れ先生が幼時より人生の窮達を具さに味ひ、而して溢るゝが如き惻隠の心を有たるゝからではあるが、動もすれば人間味に乏しからんとする長き官吏生活をした人とは殆ど見られぬ処がある。恐らくば世に先生ほど人間味の豊富な人はあるまい。而して是れ実に先生が諸先輩の間に厚き信任を博し、後輩よりは慈父の如くに慕はるゝ所以ではあるまいか。即ち先生の貧乏は先生の徳をして高からしむる所以で、先生の価値を削るに一毫の力をも有して居ない。程明道先生の所謂、富貴不淫貧賎楽、男子到此是豪雄、の趣を想起せしむる。

先生今や齢還暦に達せられるが、鬢髪漆黒、童顔紅を帯び、終日朝野に馳駆して毫も倦む所を知らない。元気溌剌寔に年少血気の輩を愧死せしむるに足るものがある。惟ふに先生今日までの生涯は荊棘を拓きて山腹を歩むの旅程であつたが、今や漸く嶽頂を極めて八州の山河を展観せんとする処に来られんとするものと考ふることが出来る、先生の健康と勇気とは之に堪へて余りがある。弟等また斯く考へて先生の知遇を喜ぶものであるが、然かも先生過去の生涯が如何に人生の鍛錬の至難にして又如何に其間に興味があるものなるかを誨ふる所以を解しないならば、先生は却つて之を喜ばぬであらう。黄樹庵先生の「夢の跡」を読了して聊か弟の所見を述べたが、杜甫の詩を援いて此所感を結びたいと思ふ。

翻手作雲覆手雨　　粉々軽薄何須数
君不見管鮑貧時交　　此道今人棄如土

大正十三年八月

小弟　佐藤天風　謹識

【奥付】

大正十四年四月十五日　（非売品）

東京市赤坂区仲ノ町廿一番地
編者　石井　三　郎

東京市芝区愛宕町三丁目一番地
印刷者　青　野　仙　吉

東京市芝区愛宕町三丁目一番地
印刷所　三　陽　堂　印　刷　所

【解説】『夢の跡』

季武　嘉也

一

今回、「尚友ブックレット23」として刊行するのは、松本剛吉の回顧録『夢の跡』の復刻である。

松本剛吉といえば、岡義武・林茂編『大正デモクラシー期の政治　松本剛吉政治日誌』（岩波書店、昭和三四年。以下『松本日誌』と略す）の著者として有名である。彼は元老の山県有朋・西園寺公望をはじめ、寺内正毅・田健治郎・清浦奎吾・平田東助など藩閥・官僚系政治家や、原敬・高橋是清・田中義一・野田卯太郎・横田千之助など立憲政友会最高幹部の元に出入りして、彼らに政治情報をもたらすと同時に、彼らから情報を得ていた。しかも、その情報の精度が非常に高かったため、彼は「政界の通人」と呼ばれるようになった。『松本日誌』は、そんな松本が丹念に記した政治情報によって充たされており、大正期の政治動向を知る上で欠かせないものとなっている。

さて本書『夢の跡』はその松本剛吉が、出生から大正一三年八月八日満六十二歳の誕生日までを、おもに明治時代を中心に振り返った自伝である。「先生〔松本剛吉〕をして今日あらしめたる過去の辛酸が真に味ふべく、又宜しく後進の学ぶべきもの」（「序」）と考えた石井三郎が、松本に頼み込んで承諾を得、忙しい政治活動の合間を縫って松本が「閑談漫語」するのを筆記し、「跋」の執筆者である佐藤天風が文章に修飾をほどこして完成したものと思われる。

そして、昭和四年三月五日に松本剛吉が死没すると、その一周忌に親戚・関係者たちに記念として配布されたという（非売品）。今回の復刻では、松本家に残されていたものを伊藤隆氏が借り出し底本とした。それは、縦22㎝×横15㎝（菊判）、活字印刷、全一四〇頁で箱装となっている。表紙には「夢の跡　黄樹庵主閑談」と書かれ、奥書には「発行日大正一四年四月一五日、編者石井三郎、印刷者青野仙吉、印刷所三陽印刷所」と記されている。

その内容は『松本日誌』の解題でも簡単に紹介されているが、本書を読めば分かる通り、とても解題では尽くし切れないほど豊かなものである。しかし、現在は横浜市中央図書館か、国立国会図書館（ただしコピーして製本したもの）で閲覧に供されているにすぎず、一般にはほとんど入手困難である。そこで、ここに復刻することとした。

二

松本剛吉についての本格的な伝記的研究は、残念ながらいまだ存在しない。しかし、『松本日誌』を読めば大正期以降の彼の活動は判明するし、今回の刊行で明治期までのそれもかなり明らかになったので、今後詳細な研究が期待されるが、ここでは『夢の跡』や『松本日誌』、あるいは『松本剛吉関係文書』（国立国会図書館憲政資料室所蔵）、各新聞、「故従五位勲三等松本剛吉位階追陞ノ件」（JACAR Ref A11113889500、叙位裁可書・昭和四年・叙位巻六〈国立公文書館〉）などから判明した彼の略歴を、文末に掲げておくにとどめる。

原本はまず表紙をめくると、口絵として松本剛吉の写真二葉が綴じ込まれ、つづいて石井三郎「序」が続く。石井は明治一三年二月、茨城県久慈郡久米村に生まれ、中央大学を卒業して銀行業に従事し大蔵省嘱託となる。しかし、憂国の情が止み難くなって対外同志会を組織して主幹となり、雑誌『日本一』を刊行して主筆記者となった。さらに大正七年七月には皇道義会を設立した。同会は、

一、皇室中心主義を基礎とし憲政有終の美をなすこと
二、国民思想を善導し忠誠至誠の気風を涵養すること
三、大和民族の海外発展に努力すること

（『日本社会運動通信附録』日本社会運動通信社、昭和三年）

などを綱領とした国家主義的団体であった。

さらに石井は、大正九～昭和五年、昭和七～一二年に政友会所属の衆議院議員となっている。この時期では、まず大正一三年一月の第二次護憲運動で、大量のビラを配るなど反清浦内閣側の急先鋒として活動していることが目立つ。また、斎藤実・岡田啓介内閣では陸軍参与官を務め、特に斎藤内閣の陸軍

大臣であった荒木貞夫陸軍大将と関係を深めた。その後も、皇道義会からいくつかの著作物を刊行している。

石井の『松本日誌』での初出は大正一〇年二月二二日で、「永田町山王台にて浪人組の皇太子殿下御渡欧中止の祈祷あり。其場に於て吉羽某現はれたるを以て、石井三郎氏の壮士は直に鉄拳を加へ、山県公攻撃の演説の引札数百枚を奪ひ取り焚き火の中に投じたり」と記されている。本書の「序」の中で、石井は自分が政友会代議士になれたのも松本の後援の「賜」であると書いており、本文中にも同様の記事が見られるので、遅くとも大正九年には両者の関係が始まっていたことがわかる。そしてその後、石井は松本の手足となって情報の収集や伝達に奔走したり、皇道義会の壮士をひきつれて政友会の院外団活動をするなどしていたと思われる。

また石井は、北辰一刀流の流れをくむ水戸の剣道場東武館で修行した経験もあり、大正十三年頃に東京千駄ヶ谷に皇道義会東武館道場を設立した。道場は急速に発展した模様で、昭和戦前期では民間の武道団体としては非常に大きな勢力を誇り、昭和一〇年頃には会員が約五万人であったという（栂坂昌業編『団体総覧　昭和九年版』復刻、五山堂書店、平成一二年）。昭和二三年三月二五日、死没。

さて原本は、さらに目次、本文（松本の談話）と続き、後書きの佐藤天風「夢の跡跋」で締めくくられている。本書の復刻に際しても、この構成を再現した。佐藤天風については残念ながら、グリム童話「赤ずきんちゃん」の最初の翻訳者（「ロートケッペン」、『女鑑』、明治三十五年）であること、辛亥革命前後では報知新聞記者をしながら革命に荷担していたこと、大正期にはいくつかの雑誌に記事を書いていること、などしか分からなかった。もっとも、「跋」にも自分が松本の知遇を得たのは「極めて最近の事」と書かれており、それほど深い関係ではなかったようである。

三

本書は、松本の個人としての人生体験や、自分が関わった多くの政治事件のエピソードで充たされており、歴史史料としても、読み物としても、また人生訓としても非常に面白いものであることは、一読されればお分かりになろう。たとえば、長兄の切腹事件などは明治という時代を知る上でも、また松本個人の人格形成を考える上でも重要であろう。本来ならば、そのようなエピソードを解説で丹念に紹介すればよいのであろうが、そうすれば、本文よりも長くなってしまうかもしれないので省略することにした。代わりに、前述のように彼の略歴を作成したので、これによって本書の内容の概略を掴んでいただきたい。

ここでは、本書に登場する松本と縁の深い人物について、簡単に紹介しておこう。

＊大浦兼武（嘉永三〈一八五〇〉年五月六日～大正七年一〇月一日）

現宮崎県都城出身。警察官からたたき上げ、島根・山口・熊本県知事を経たのち、明治三一年一一月警視総監となる。明治三三年三月から勅選貴族院議員にもなる。貴族院山県有朋系の中心人物として活動し、明治三六年九月第一次桂内閣逓信大臣、明治四一年七月第二次桂内閣農商務大臣、大正元年一二月第三次桂内閣内務大臣、大正三年四月第二次大隈重信内閣農商務大臣、大正四年一月同内閣内務大臣となるが、同年七月涜職事件で政界を引退する。警察に強い影響力を持ち、同時に品川弥二郎が作り上げた全国の実業家ネットワークを平田東助と共に継承する。

松本との関係については「初めて卿〔大浦〕に面接を得たるは明治十八年」であり、本書中にも触れられているが、自由党員大井憲太郎ら大阪事件関係者の摘発が契機であった（「大浦卿之巻　大浦兼武卿を追悼す」、前掲『松本剛吉関係文書』三六）。その後「大浦氏は出京して事件の顚末を山県内務大臣に報告し、予〔松本〕を内務省に呼ひ大臣に紹介せらる。予の始めて山県公に面接したるは此時なり」（「山県公之巻」、『松本剛吉関係文書』三五）と、山県有朋と知り合うこととなった。

＊田健治郎（安政二〈一八五五〉年二月八日～昭和五年一一月一六日）

現兵庫県丹波市出身。警察官から出世し明治三一年一月逓信次官に就任、明治三四年八月衆議院議員に当選し立憲政友会に所属。同年末、鉄道国有化などを桂内閣が認めれば政友会は予算案を支持するという調停に成功したが、同年一二月二六日に除名される（この点は「田男政友会除名之巻」、『松本剛吉関係文書』三二が詳しい）。明治三九年一月勅選貴族院議員に就任、以後貴族院山県有朋系の中心人物として活躍する。大正五年一〇月寺内正毅内閣逓信大臣、大正八年一〇月台湾総督、大正一二年九月第二次山本権兵衛内閣農商務大臣、大正一五年五月枢密顧問官などを歴任する。

松本の同郷の先輩。明治一四年松本は田辺輝実高知県令を頼って高知県に行ったが、田辺が転任して松本が困っていた際、田が高知県監獄書記の職を斡旋してくれた。さらに明治一六年には田神奈川県警部長の誘いで、松本は同県警察に勤めることになった。以後、両者は非常に深い関係となり、松本は田の側近として活動した。田については、現在、尚友倶楽部から『田健治郎日記』（全八巻予定、既刊二冊）が刊行中であり、こちらも参照していただきたい。

＊林　有造（天保一三〈一八四二〉年八月一七日～大正一〇年一二月二九日）

現高知県宿毛出身。幕末期から板垣退助の下で活動し、立志社設立に参加する。西南戦争では政府転覆を図ったとして投獄され、出獄後は再び板垣に協力し自由党に参加する。明治二三年七月第一回衆議院議員選挙に当選、以後八回当選する。明治三一年六月隈板内閣逓信大臣、明治三三年一〇月第四次伊藤博文内閣農商務大臣となり、明治四一年政界を引退。

隈板内閣が誕生した際、松本は板垣内務大臣の秘書官という話もあったがうまく運ばず、板垣の薦めで林逓信大臣の秘書官になった。第四次伊藤内閣の際も、林農商務大臣の秘書官に採用された。その後も両者の関係は続き、明治三六年後半には政友会を脱党した林を中心に、民党的な硬派の姿勢を示して新自由党を結成するが、その背後にはじつは松本がいたことが本書から分かる。

＊宮地茂春（不詳〈一八五九年頃〉～明治二八年六月一一日）

土佐出身。板垣退助娘・軍と結婚。「板垣退助の駙馬として、後藤象二郎の幕賓として」（『読売新聞』明治二八年六月一三日）とあることから分かるように、板垣、後藤に近い民権活動家で、明治一五年四月の岐阜事件では板垣と共に遊説中であった。

宮地と松本の最初の出会いは明治一五年、宮地が大阪で松本から百円を騙しとった時であった。「計らずも一粒万倍の果を結んで、国家の為め役に立ったのを見ては実に感慨無量であつた。夫れのみでなく其後自分の半生の運命は、基を之に発したとも言へる。後藤伯に愛せられ板垣伯に知られ、林有造氏に用ひられたのも、此の宮地氏推挙があつたからである」と本書で松本が回顧するように、ここから両者の数奇な関係が始まる。それは政治ばかりでなく実業面にも及んだが、これらについては是非本書を読んでいただきたい。

四

最後に、本書の価値についても簡単にふれておこう。

第一は、松本が多くの歴史的重要事件に関わったため、明治政治史の裏面がよく分かるということである。秩父事件、加波山事件、大阪事件、保安条例、選挙干渉事件など警察官として取り扱った事件や、自らが渦中の人となった自由党・政友会の内紛などがそれである。

第二は、彼が藩閥側と民権側の間に存在していたことである。彼はいわば「遅れてきた志士」であったが、国権派か民権派かという意識は薄いようである。それよりも、両方の間に立ち、両者に敬意を払いつつ、両者の対立を現実的に処理していく彼の手腕や考え方が非常に面白い。たとえば、保安条例で東京から退去させられ神奈川県に来た民権派の志士に対し、内務省や警視庁は犯罪人扱いしたが、神奈川県警察官松本は「国士を以て遇した」という。ともすれば、われわれは両者の対立を絶対排他的なものと考えがちであるが、翻って考えてみれば、その中間には多くの国民がいたわけであり、松本もそんな一人であった。そして、藩閥側では山県有朋・大浦兼武、民権側では板垣退助・後藤象二郎と、両グループの中心点に限りなく接近したところに彼の特徴があった。その結果、成功と失敗を繰り返し、明治時代の彼の人生は浮沈の激しいものであったが、そのような中間的人間の行動や考え方を知る上でも、本書は重要な示唆を与えてくれるだろう。

第三は、『松本日誌』を読まれた方は、無名な松本が、なぜこれだけ詳しい情報を得ることができたのか、またこれほど多くの有力者の信用を得ることができたのか、と疑問を抱くだろう。それを解く鍵がこの『夢の跡』にある。明治時代にできた彼の人脈や彼への評価が大正期以降に引き継がれていると考えれば、『松本日誌』に書かれた情報の意味を理解する上で『夢の跡』の記述は大いに参考になろう。

松本剛吉　略歴

文久二年（一八六二）八月八日　丹波国（兵庫県）柏原藩士今井源左衛門五男として生まれる
叔父松本十兵衛の養子となる
明治　五年　松元剛吉と改名
明治　七年　柏原小学校卒業
明治　八年　近隣の黒井にある小国謙三の塾に入る
明治　九年　黒井小学校助教
明治一〇年　兵庫県警察本署詰雇
明治一二年　六月　柏原に一度帰り、東京に向かう
陸軍幼年学校（当時は士官学校に編入されていた）を受験するが落第
中村敬宇の同人社に入塾（二ヵ月間）
九月　千葉県巡査の試験に合格、千葉警察署内勤
木更津署内勤
明治一三年　江尻サクと結婚
明治一四年　北条警察署勤務
暮　高知県監獄書記、看守長代理

明治一五年　　　　退職し大阪へ向かう、途中宮地茂春に百円を詐取される
明治一六年　三月　田健治郎の誘いで神奈川県御用掛・警察本部庶務掛
明治一七年　六月　神奈川県警部
　　　　　　　　　神奈川県警察機密費詐取事件で犯人逮捕
　　　　　　八月　神奈川県警察探偵主任
　　　　　　　　　この後、秩父事件、加波山事件、大阪事件、保安条例事件等に関わる、事件を通し大浦兼武、山県有朋と会う
明治二一年　三月　田健治郎の転勤に伴い埼玉県警部となり、さらに同県高等警察主任となる
明治二三年　　　　後藤象二郎逓信大臣の下で逓信属、大臣秘書官付
明治二五年　二月　後藤象二郎、陸奥宗光の指示で選挙干渉のため九州に出張
　　　　　　　　　この頃、政治家を志すようになる
明治二六年　　　　石井千太郎と静岡県天竜川の川沼をはじめ銅山事業をするが失敗し借金を抱える
明治二七年　九月　依願免本官
明治二八年　二月　事業のため朝鮮へ行くがすぐ帰国
　　　　　　　　　宮地茂春、板垣退助の勧めで神奈川県埋立事業に関わる
明治二九年　二月　逓信省通信局属官
明治三〇年　九月　非職
明治三一年　七月　板垣退助の勧めで林有造逓信大臣秘書官・高等官六等・六級俸

八月　正七位
一〇月　高等官五等・五級俸
一一月　四級俸・従六位
一一月　依願免本官
隈板内閣崩壊後は憲政党院外団として活動
明治三二年　神奈川県埋立事業で得た報酬で小田原に邸宅を建築
明治三三年一〇月　林有造農商務大臣秘書官・高等官五等・四級俸
明治三四年　五月　第五回内国博覧会事務官
六月　依願免本官
八月　田健治郎を衆議院議員とするため故郷で活動
一二月二六日　浜の家事件、田健治郎、井上角五郎、重野謙次郎ら政友会から除名される、松本も政友会を離党する
明治三五年一二月　妻サク死去
明治三六年　四月　三輪田恭と結婚
一二月二一日　林有造らを中心に自由党創立委員総会開催
この頃、山梨県谷村の宝鉱山を三菱に売却し利益を得る
明治三七年　三月　一日　田の地盤を継ぎ兵庫県で衆議院議員に当選、自由党所属
徴兵保険会社専務（～明治四〇年）

明治三八年　三月　八日　自由党解散し無所属となる
　　　　　一二月二三日　大同倶楽部結成、入会する
明治三九年　四月　勲四等・旭日小綬章
明治四〇年　東京鉄道株式会社重役、明治四四年市有化され精算人となる
明治四一年　三月二五日　大同倶楽部を離れ無所属となる
　　　　　三月二六日　任期満了
　　　　　五月一五日　衆議院議員当選（兵庫県）、無所属
　　　　　九月二四日　大同倶楽部に入会
明治四三年　三月　二日　中央倶楽部結成、入会する
明治四五年　五月一四日　任期満了
　　　　　五月一五日　衆議院議員当選（千葉県）、立憲国民党、当選後無所属
大正　元年　八月　韓国併合記念章
　　　　　九月　松元から松本に改姓
　　　　　一一月二七日　衆議院議員辞職
　　　　　一二月　東京控訴院に於いて衆議院議員選挙法違反に依り禁錮四ヶ月の宣告を受く（事件に関しては平田奈良太郎『選挙犯罪の研究』〈司法省調査課、昭和九年〉参照）
　　　　　位記返上
大正　二年　一月　前述の宣告に対し大正元年九月一三日の恩赦に関する詔書に基き、特典を以てそ

の刑の言渡の効力を失わしめらる
この後、宮城県川崎鉱山経営や共同銀行整理に従事
大正　四年一〇月　この頃から山県有朋との関係を深め、政治情報をもたらすようになる
一一月一〇日　大礼記念章
大正　五年一〇月二一日　田健治郎逓信大臣秘書官・高等官三等・一級俸
一一月一〇日　従五位
大正　六年　四月二〇日　衆議院議員当選（神奈川県）、無所属
六月一五日　維新会に入会
一〇月一五日　新政会結成、入会する
大正　七年一〇月　一日　依願免本官
大正　八年　七月一〇日　臨時財政経済調査会委員
一〇月二四日　勲三等瑞宝章
一一月　五日　台湾総督秘書官・高等官三等
大正　九年　二月二六日　衆議院解散
五月一〇日　神奈川県から無所属で衆議院議員選挙に立候補するが落選
一一月一五日　旭日中綬章
大正一一年　一月二八日　元老西園寺公望に最初の政治情報をもたらす
六月一〇日　依願免本官

昭和　二年　八月一八日　　貴族院議員に勅選、無所属
昭和　三年　四月二一日　　研究会（貴族院会派）に入会
　　　　　一一月一〇日　　金杯一個を賜る
昭和　四年　三月　五日　　死去、正五位勲三等

議員在職中重要委員
　第九回総選挙
明治三七年　三月二三日　　渡良瀬川沿岸地方特別地価修正委員
明治三八年　二月一六日　　北海道拓殖銀行法中改正法律案委員
明治三九年　三月一六日　　貨幣法中改正法律案委員
明治四一年　二月　一日　　衆議院議員選挙取締に関する法律案委員
　第十回総選挙
明治四三年　二月　一日　　所得税法中改正法律案外四件委員
　　　　　三月一一日　　官吏恩給法中改正法律案外一件委員
明治四四年　一月二八日　　東京府管内八丈島の地租に関する法律案委員
　　　　　二月　四日　　工場法案委員

後記

松本剛吉自伝『夢の跡』は、東京大学名誉教授伊藤隆氏の推薦により、尚友ブックレット23号としてとりあげることとなった。今回の刊行に際し、松本剛吉後裔松本剛一氏はこの貴重な自伝の刊行をご快諾くださり、『夢の跡』原本を伊藤隆氏に寄贈された。今回はこの原本によって翻刻作業をすすめることが可能となった。創価大学教授季武嘉也氏はご自身で書き起こされたデータを提供され、解説、年表作成とすべてにわたって緻密な仕事をして下さった。校正には会員夫人京極寛子氏、撮影には会員松浦真氏の協力を得た。ここに記して謝意を表する。

上田和子

編者
社団法人尚友倶楽部《しょうゆうくらぶ》
旧貴族院の会派「研究会」所属議員により1928年に設立された公益事業団体。学術研究助成、日本近代史関係資料の調査・研究に取り組んでいる。その成果は、『品川弥二郎関係文書』『山県有朋関係文書』『三島弥太郎関係文書』『阪谷芳郎東京市長日記』『田健治郎日記』など30冊の資料集として出版されている。

季武《すえたけ》 嘉也《よしや》
1954年東京都生まれ。私立武蔵高等学校、東京大学文学部国史学科卒業、東京大学大学院人文科学研究科博士課程単位取得満期退学。博士（文学）。1985年東京大学文学部国史学科助手、1990年創価大学文学部人文学科助教授、1999年同大学文学部人文学科教授（現在に至る）。著書に『大正期の政治構造』（吉川弘文館、1998年）、『選挙違反の歴史』（吉川弘文館、2007年）、『原敬』（山川出版社、2010年）等。

松本剛吉自伝《まつもとごうきちじでん》『夢《ゆめ》の跡《あと》』
〔尚友ブックレット*23*〕

2012年 9月25日　発行

編 集
尚友倶楽部史料調査室《しょうゆうくらぶしりょうちょうさしつ》・季武嘉也《すえたけよしや》

発 行
(株)芙蓉書房出版
（代表 平澤公裕）
〒113-0033東京都文京区本郷3-3-13
TEL 03-3813-4466　FAX 03-3813-4615
http://www.fuyoshobo.co.jp

ISBN978-4-8295-0563-2